中国史 —求索与追寻—

公众考古丛书简介

公众考古丛书是由中国社会科学院考古研究所等机构与中国社会科学出版社联合策划推出的大型学术普及读物。作者均在各自领域拥有深厚的工作与研究积淀，并以专业的视角与深切的人文感触，全景式记述了其亲历的考古现场——从调查选址，到历经艰辛的发掘，直至取得重要发现成果。

本丛书展现了考古发现的系统过程和丰富面相，同时也揭开了考古的神秘面纱，阐述"考古是什么"以及"考古在干什么"，还原考古人田野工作与研究的真实过程，呈现他们鲜活的思考感悟。公众考古丛书不仅是一次通往中外古老文明的时空之旅，也是一场全面了解考古学及考古人的探索之行。

玉米王国

The Kingdom of Maize

中美洲考古纪略

李默然　钟华　著

Archaeological Notes of
Central America

中国社会科学出版社

图书在版编目（CIP）数据

玉米王国：中美洲考古纪略 / 李默然等著.
北京：中国社会科学出版社，2025. 8. --（鼓楼新悦）.
ISBN 978-7-5227-5061-3

Ⅰ. K887.3

中国国家版本馆 CIP 数据核字第 2025R4V756 号

出 版 人	季为民
责任编辑	侯苗苗　兰钧雯
责任校对	罗婉珑
责任印制	郝美娜

出　　版	中国社会科学出版社
社　　址	北京鼓楼西大街甲 158 号
邮　　编	100720
网　　址	http://www.csspw.cn
发 行 部	010-84083685
门 市 部	010-84029450
经　　销	新华书店及其他书店

印刷装订	北京君升印刷有限公司
版　　次	2025 年 8 月第 1 版
印　　次	2025 年 8 月第 1 次印刷

开　　本	880×1230　1/32
印　　张	10.625
字　　数	209 千字
定　　价	89.00 元

凡购买中国社会科学出版社图书，如有质量问题请与本社营销中心联系调换
电话：010-84083683
版权所有　侵权必究

公众考古丛书

顾问：王仁湘　陈星灿　许　宏

主编：李志鹏

编委：于建军　仝　涛　刘　瑞　李志鹏　陈明辉
　　　　何毓灵　李默然　尚　珩　钟　华　赵海涛
　　　　郭　物　韩建华

目 录

推荐序　///　001

前言：在玉米中诞生　///　001

第一章　科潘和它的世界　///　001
（一）"青鸟不到的地方"　///　002

（二）何为"美索美洲"　///　008

（三）玉米神的馈赠——美索美洲农业起源　///　013

（四）贸易网的驱动——美索美洲文化互动　///　017

第二章　从村落到帝国　///　027
（一）美索美洲最早的人群来自哪里？　///　028

（二）定居村落出现　///　031

（三）复杂社会形成　///　032

（四）制度国家建立　///　039

（五）黄金时代　///　045

（六）帝国兴衰　///　053

第三章　考古视野下的科潘　/// 069

（一）"十八兔"大街的来历　/// 070

（二）百年科潘考古史　/// 078

（三）科潘王朝的兴衰　/// 087

第四章　丛林中的发掘　/// 105

（一）打隧道——特殊的玛雅考古　/// 107

（二）精美石雕与贵族墓葬　/// 119

（三）珊瑚蛇与"中国龙"　/// 143

第五章　食与饮　/// 155

（一）玉米的驯化　/// 156

（二）玉米在美洲的传播　/// 162

（三）食在科潘　/// 167

（四）饮在玛雅　/// 181

第六章　宗教与艺术　/// 203

（一）玛雅"圣经"——《波波尔·乌》　/// 204

（二）最真实的"想象"　/// 219

（三）天界与花山——玛雅贵族的归宿　/// 230

第七章　文字与历法　/// 237

（一）破译玛雅文字——那些天才考古学家　/// 238

（二）玛雅伪文字——无法释读的另类表达　/// 263

（三）世界末日？——被误解的玛雅历法　/// 269

第八章　古典的魔幻——古代中美人的生活　/// 281

（一）热爱"整容"的玛雅人　/// 282

（二）危险游戏——古代中美洲的球赛　/// 286

（三）阿兹特克人的育儿经　/// 295

（四）"豹变"——管窥美索美洲人群的信仰体系　/// 308

（五）血与火之歌——阿兹特克人怎么过大年？　/// 313

后记：考古学的礼物　/// 321

推荐序

翻看李默然和钟华的这部内容丰富的中美洲考古纪略,思绪一下闪回科潘项目开始的日子。

我第一次走进玛雅世界,是在 2014 年盛夏。经过近 30 个小时的长途旅行,飞机的舷窗下,终于露出洪都拉斯茂密的热带丛林。房屋密集处,是经济中心圣佩德罗苏拉,距离科潘不到 200 千米,但山路崎岖,要开车四个多小时才能到达。一路上,最强烈的感觉,是浓淡深浅不一的满眼绿色,在层峦叠嶂中,蓬勃肆意地倾泻。后来,我才了解,在中美地区各文明中,绿色都象征着旺盛的生命之力。最重要的食物玉米,枝叶是绿色。碧绿的翡翠被视为凝聚了天地精华,是最珍贵的宝石。也是后来才知道,感受这样的生命力,是理解中美地区文明最重要的方式之一。

2015 年,中国社会科学院考古研究所与洪都拉斯人类学与历史研究所签署合作协议,确定组织中洪联合考古队,全面发掘科潘 8N-11 号贵族院落,并展开多学科研究。当时,我最担心的,不是如何面对陌生的环境、揭露陌生的遗址、探索陌生的文明,而是如何找到和我一样,愿意远赴万里,感受另一个文明绿色生命之力的年轻人。

张光直在《要是有个青年考古工作者来问道》中,饱含深情地说:"有大才、有大志的年轻人,很少有学考古学的。我有时白日做梦,梦见天资好,人又无邪又用功的中国青年,意愿以考古为毕生事业,来问我这个老年考古学家对他(她)有何唆使,这固然只是梦幻,我仍是将答案预备好,以防万一。"张先生的答案有四条,其中最后一条是"今天念中国的考古不是念念中国的资料便行了。每个考古学者都至少要对世界史前史和上古史有基本的了解,而且对中国以外至少某一个地区有真正深入的了解。比较的知识,不但是获取和掌握世界史一般原则所必须有的,而且是要真正了解中国自己所必须有的。"在科潘的日子里,我也常有这样的白日梦。

所以,2015年,项目一开始,就公开招聘在读博士参加,默然和钟华正是中选者。默然在当年9月就开始参加发掘。最让人高兴的,是在他们身上,真的看到了蓬勃的生命力。

科潘的工作和生活,自然少不了艰苦甚至危险。发掘过程中,我们会遇到毒蛇,要万分小心,因为要开车几个小时才能找到救治的医院。流行病也是个大问题,我们遇到过寨卡流行和登革热流行。但回忆中,无论是工作还是生活,更多的是快乐。还记得,每天四点收工，我和默然开着皮卡，把工人送到科潘小镇路口。他们各自归家，我们去语言学校，学习一小时的西班牙语。周六上午，花十美元，骑马在科潘河边驰骋，深入山地丛林考察。从马背上摔下来好几次，有时候会遇到急雨，但还是乐此不疲。也经常会坐在科潘王宫大广场宽阔的草坪上，仰观羽毛灿烂如彩虹的金刚鹦鹉结队从头顶掠过。清晨，到色彩缤纷的集市，买新鲜芒果，吃一份玉米饼配玉米糊的早餐；傍晚，去巧克力屋坐一坐，体验一下葫芦碗中加了辣椒粉和盐的玛雅贵族式可可饮料。

2016年，在与我们合作的哈佛大学费什教授和付罗文教授的提议下，哈佛燕京学社连续资助了两期中美地区考古培训班。默然和钟华是第一期学员，在哈佛大学进修。第二期学员中，有四位中国学员，两位目前在美国攻读中美地区考古的博士学位；另两位都在国内继续中美地区古代文明研究。2024年7月，在哈佛燕京学社的资助下，两期学员和导师们齐聚北京，参加"艺术、神话与仪式：中国与中美地区早期文明的比较"国际学术研讨会。看到一张张年轻的面孔，我感到科潘项目成功之处，不仅在于发现精美的雕刻和珍贵的翡翠神像，更在于培养了翡翠般充满生命之力的年轻人。

这本书，就是这些年轻人中的两位呈现给读者的成果。对于科潘遗址的重要性、科潘项目的精彩收获，书中有详尽的介绍，我不必赘言。对于这部面向公众的读物，我也不必做学术上的严苛评判和深度研讨。我只想告诉读者，本书有对中美地区古代文明发展脉络的清晰梳理，有对玛雅名城科潘的全面描述，有对当地经典文化习俗的生动介绍，有美食，有趣闻。读者自会感受到，与我们有共同祖先的美洲人群，在万里之外创生和发展独特文明的蓬勃生命之力，体悟人类文明的发展，可以如此多元，如此各美其美。

李新伟

中国社会科学院古代史研究所研究员

中国古典文明研究院院长

2025 年 1 月 23 日于雅典

前言：在玉米中诞生

在2003年3月，墨西哥城人民文化博物馆（Museo Nacional de Culturas Populares）与墨西哥国家土著人学会（Instituto Nacional de los Pueblos Indígenas）、查平戈大学（Universidad Autónoma Chapingo）等机构举办了一场名为"Sin Maiz, No Hay Pais"[1]的展览会。在展览会的说明书上，有这样的句子："玉米是墨西哥文化的根基，是墨西哥的象征，是我们无穷无尽的灵感源泉。""我们创造了玉米，玉米又造就了我们。我们永远在相互的哺育中生活。我们就是玉米人。"[2]自此之后，"没有玉米，就没有我们国家"这句口号几乎成为墨西哥人保护玉米及土著文化的代名词。2013年，在一场反对转基因作物、保护本土玉米的同名运动中，墨西哥的民间团体大获全胜，墨西哥城联邦区民事法院为此

---

[1] 意为"没有玉米，就没有我们国家"。
[2] 诺贝尔文学奖获得者，危地马拉作家米格尔·安赫尔·阿斯图里亚斯（Miguel Ángel Asturias）于1949年创作了长篇小说《玉米人》（*Hombres de Maíz*）。小说用神话传说的虚幻意境描写山区农民的现实生活，以土著印第安人和白人在种植玉米问题上发生的冲突为主线，真实地反映了20世纪50年代以前危地马拉的社会生活，揭示了传统观念与现代思想之间的矛盾。是一部优秀的魔幻现实主义作品。

还颁布了一项停止转基因玉米种植并无限推迟其许可的法规。

为什么墨西哥和中美洲国家人民对玉米如此钟爱，对待它们已经超出了普通食物的范畴，达到了崇拜的程度？毫无疑问，答案必然隐匿在历史的尘埃中。同今天墨西哥以及众多中美洲国家色彩斑斓的建筑和街道一般，古代美索美洲也为人类世界贡献了独特、绚丽，甚至令人叹为观止的文明。从奥尔梅克庞大、古朴的巨石头像，到特奥蒂瓦坎高耸、宏伟的太阳金字塔，以及玛雅栩栩如生的彩绘壁画和石雕艺术等，这些残存的古代文明伴随着探险和考古发掘，一次又一次震撼着世人的心灵。有赖于考古学家、历史学家、文字和图像学家的不懈努力，我们今天得以深入古代美索美洲人群的生活，理解他们的宇宙观和世界观。当然，任何试图以寥寥数语就穷尽整个美索美洲文明的努力都是徒劳的，本书的目的仅在于通过一些有趣的考古发现及相关研究，为读者了解那个异域世界打开一扇小窗口。这个名副其实的"玉米王国"经历了怎样绚丽的文明历程，又有哪些动人心弦的故事？虽似雪泥鸿爪，但仍希望本书的讲述能够让您产生惊奇又恍然大悟的感受。

本书的写作缘起于中国社会科学院考古研究所在洪都拉斯科潘遗址的考古发掘和研究工作。2015年，中国社会科学院考古研究所正式实施"玛雅文明中心——科潘遗址考古及中美洲文明研究"项目，并于当年招聘博士后作为项目组成员赴科潘遗址进行发掘，拟今后从事中美洲考古研究工作。本书两名作者都有幸被选上，且李默然于当年9月参与了第一季的田野发掘。受中国社会科学院考古研究所科潘项目的鼓舞和影响，哈佛燕京学社（Harvard-Yenching Institute）于2016—2017年开设"美索美洲考古培训项目"（Mesoamerican Archaeology Training Program），这是该学社首次将研究视野聚焦到亚洲以外的地区。项目负责人为傅罗文（Rowan Flad）、威廉·费什（William Fash）和大卫·卡拉斯科（David Carrasco），首批学员共五人，包括本书的两名作者。随后两名作者均先后入职中国社会科学院考古研究所，其中，李默然仍为科潘项目组的成员并每年赴洪都拉斯参加发掘和整理工作。

在这将近十年的时间内，随着考古工作和研究的深入，我们对美索美洲考古、玛雅文明和科潘地域风情也有了一定的了解。许多新奇的现象和知识不断令我们感受到世界文化的多元性，因此，我们经常将一些美索美洲考古知识和有趣见闻整理成文字，发表到公众号上。这些零散的文章是构成本书的基础，并且，少量内容已在正式的学术报刊上有过发表，为了不影响完整性，也将它们纳入书中。为了保证严谨性，我们不断关注和阅读最新的学术研究成果，并尽力以通俗的语言来讲述。不过，因精力所限、学识不足，其中难免有讹误，敬请读者朋友们批评指正。

本书写作的分工如下：第一章第三节"玉米神的馈赠——美索美洲农业起源"和第五章"食与饮"大部分内容由钟华撰写，其余章节则由李默然撰写。初稿完成后，李默然进行了统稿和校对，并对相关注释进行了完善。

第一章 科潘和它的世界

（一）"青鸟不到的地方"

本书的讲述始于一个位居山峦之间的小镇。熟读三毛的人或许会知道，这座名为"科潘墟"（Copán Ruinas）的小镇，就是她书中所说的"青鸟不到的地方"[1]。可惜的是，当时的科潘遗址刚刚跻身世界文化遗产[2]，小镇设施仍然简陋，除了跳蚤以外，并未给三毛留下深刻的印象。但她依然造访了玛雅人留下的废墟，目睹了科潘河千年的寂寞。30 年后，当第一支来自中国的考古队再次造访时，当年的"青鸟"已然不存，但有一些情景依旧似曾相识。

回味三毛精练的文字，我不由得回想起第一次踏上洪都拉斯这片火热土地的情形。从北京到科潘路途遥远，假如在地图上将二者之间画一条线，其长度大致相当于绕地球三分之一。进入洪都拉斯的第一站——圣佩德罗苏拉（San Petro Sula），是洪都拉斯第二大城市和工业中心，也是一座拥有一些优良港口的大城市。圣佩德罗苏拉机场很小，大概能停下三四架飞机，从半空中俯瞰，低矮的围墙外侧有一片一望无际的甘蔗林，在烈日下显得无精打采。航站楼

---

[1] 青鸟是洪都拉斯一种大巴车的名字，详见三毛：《万水千山走遍》，北京十月文艺出版社，2017 年版，第 70 页。
[2] 1980 年，科潘遗址被联合国教科文组织列为世界文化遗产。

仅两层，下了飞机走得不远即到达海关出口，通道口数量和工作人员不多，遇到国际航班往往排起长队。一个特别有意思的现象是有大量老年人乘坐轮椅走绿色通道，我原以为都是残疾人，没想到他们通过出口后迅速起身，拎着大包小包的行李而去，看样子这大概是"尊老通道"。我们考古队员的西班牙语并不熟练，只能大致表达去科潘遗址考古，但海关工作人员似乎比较宽容，迅速放行了。圣佩德罗苏拉地处热带海边，全年湿热多雨，走出机场，热浪扑面袭来。

科潘遗址位于洪都拉斯西部边陲，地处洪都拉斯与危地马拉和萨尔瓦多三国的交界处，没有飞机和火车可至，只能驾车大约四小时到达。汽车穿过圣佩德罗苏拉的街道，到处可见拿着矿泉水、撒有孜然粉的芒果条、爆米花等商品或者洗车工具的小贩。他们年纪不大，一般十几岁，当街而立，一旦遇到红绿灯，马上跑到车前询问是否需要食物或者干脆兀自动手帮你擦洗挡风玻璃。这座闷热、躁动又暗藏凶险的城市位于查梅莱孔河（Río Chamelecón）下游的冲积平原上，出城之后，道路沿着苏拉河进入山麓地带，随即迅速盘旋上山。洪都拉斯西部属于危地马拉高地的延续，这里山脉纵横，其间谷地星罗棋布，发育出一片片适宜人群生产和居住的区域地理景观。不过，这些谷地大多用于种植甘蔗和畜牧业，而中美洲最重要的农作物——玉米却只能委身在山间阶地中，这一图景展示了殖民时代的遗产：来自旧大陆的殖民者占据了肥沃的谷地从事畜牧业，而玛雅原住民则被驱赶至山地，只能开垦贫瘠的梯田来种植玉米和豆类作物，而随着贫富差距的逐渐拉大，许多山地也被开发为牧场，原住民的生存空间正在逐渐被压缩。

通往科潘的道路仍是传统的水泥路，沿着河谷向前，没有任何隧道，道路的走向完全受制于地形的起伏。这条道路是圣佩德罗苏拉通往危地马拉和萨尔瓦多的交通大动脉，货物往来频繁。中美五国因共同的历史和文化，通关程序便捷，司机的驾照可以自由跨境通用，所以从这个意义上说，这条道路也是重要的跨国贸易线。

汽车在山谷间穿行了近四个小时，在翻过一个小山口后，面前突然出现一大片平地，豁然开朗。一条小河蜿蜒流向远方，这便是著名的科潘河，在河流两岸的平原上，分布着大片种植蔬菜和玉米的农田以及蓄养牲畜的牧场，整个谷地两头狭窄，中间宽阔，被考古学家形象地称为"科潘口袋"（Copán Pocket）。道路旁巨大的广告牌上，赫然写着"Copán Ruinas"几个单词，提醒来访者，这里已进入科潘镇（见图1）。

在进入"科潘口袋"后不久，农田随着车辆前行不断向后退去，突然，一片茂密的森林映入眼帘，这在耕地稀缺的谷地颇为难得。没错，这里就是著名的科潘玛雅遗址保护区，透过茂密的树丛，还能依稀看到灰色的石质建筑和金字塔。当然，科潘遗址的范围远不止于此，整个口袋状谷地都是王朝首都的腹地，有王宫和贵

图1　夜幕下的科潘镇（李默然　摄）

族的院落、平民的茅草屋、国王的祭坛和肖像石雕、铺设石灰面的堤道、种植玉米的良田以及规模宏大的采石场等。

保护区的大部分区域已经辟为遗址公园，可供游人参观。从大门进入，正对的即是哈佛大学考古团队设计修建的科潘雕刻博物馆，博物馆以蛇口作门，取玛雅文化中蛇身有时光通道之意。游客从蛇口中进入，仿佛穿越时空，来到古代玛雅王国。走出蛇身，迎面而来的鲜艳建筑令人震撼，这是仿制的早期神庙罗莎莉拉（Rosalila）。博物馆分上下两层，展览的均是从建筑上方掉落的精美石雕以及放置在建筑前方的祭坛或君主雕像。雕刻博物馆的东北，就是遗址王宫区的入口，从这里开始，科潘遗址公园最为精彩的场景将会逐渐展现在游人面前。

穿过一条喂养金刚鹦鹉（Macaw）的道路，头顶会传来它们倏忽的长啸，运气好还能看到一群身着红、蓝、黄外衣的神鸟遮天蔽日般飞过。它们长喙如钩，剥橡子等坚硬果实犹如嗑瓜子般轻松，这不禁让人感慨玛雅人将其供奉于神殿是名副其实，这实在是一种凶猛的动物。科潘第一王名为"K'inich Yax K'uk'Mo'"（齐尼奇·雅什·库克·莫），其中的"Mo'"（莫）就是这种神鸟，将它们豢养于此也算是对先王的追忆吧。

大道的尽头，是科潘著名的大广场，中央为一方形四面阶梯建筑，或象征宇宙中心；广场东南有一座大球场，球场东侧为著名的文字台阶金字塔（26号金字塔），这里雕刻了玛雅世界最长的象形文字铭文，描述了科潘王朝的部分历史以及先王的丰功伟绩。可惜的是，卡内基研究所好心办坏事，在20世纪30年代将倒塌的26号金字塔随意复原，造成了今天字符错乱并较难释读的困局。广场上方矗立着大量国王的雕像，大部分是第十三王的。此人好大喜功，最后在战场被枭首，科潘王朝也一蹶不振。广场东南角有一条暗沟，穿过南侧最高大的11号金字塔，通往西侧的排水渠。在20世纪七八十年代，一场大暴雨造成大广场积水，工作人员将暗沟淤积的树叶泥沙清理后，积水迅速退去。考古学家恍然大悟，这条暗沟是玛雅人故意为之，用于控制广场内的雨水[1]。充满水的广场，上方"漂浮着"象征圣山的四方建筑，以及数十座统治者的肖像（或许象征了世界树），这就是玛雅神话中创世场景的再现。

紧靠广场的南侧是 11 号金字塔，这也是科潘最为高大的金字塔，迄今仍未被发掘；11 号金字塔东南侧是著名的 16 号金字塔，在塔身下方安放着第一王的陵墓；16 号金字塔的东北侧是美洲豹广场，得名于其西部墙壁上雕刻的"舞动美洲豹"，在它下方也曾发现过一座王陵，但墓主是何人尚不清楚。美洲豹广场东南侧的 18 号神庙下方埋葬着科潘第十六王——雅什·帕萨（Yax Pasaj Chan Yopaat），他为拯救当时摇摇欲坠的科潘王朝做了最后的努力。他的墓葬狭窄简陋，随葬品被盗墓者掠夺一空（可能本身也没多少随葬品），简直就是王朝走向衰亡的缩影。

关于科潘那些建筑和雕刻背后的故事实在是太长，我不得不卖个关子暂停一下，先为读者呈现其所处的世界和时代。那片广阔沃土是世界上为数不多的古老文明区之一，孕育了包括玛雅文明在内的灿烂文化。在这里发生的波澜壮阔的人类史，更是值得我们了解。

---

[1] 当时的广场地面抹有石灰，蓄水效果更佳。

（二）何为"美索美洲"

首先要阐明的一点是，在本书讨论的对象范围内，包含明确领土边界意识的现代地理概念是很晚才出现的，几乎没有古代酋邦[1]、国家等政治实体具有这样的理念。即使是最强大的阿兹特克帝国，其统治范围也像蜂窝状奶酪一般，内部有许多帝国势力不能触及的地区。所以试图像现代地图一样，用精准的线条描绘本书的讨论范围，或者是一些城邦的疆域都是徒劳的。这倒与今天考古学家讨论的"文化区"有异曲同工之处，这样的区域往往是不精准的，范围时常变动。因此，我们首先要对三个不同类型的概念：中美洲（Central America）、美洲中部（Middle America）和美索美洲（Mesoamerica）[2] 进行界定。

"中美洲"（Central America）是一个政治地理学概念，位于美洲大陆的中间地峡带，实际上属于北美洲最南的一部分。一般认为，其范围从墨西哥以南延伸至哥伦比亚以北的地区，包括危地马

---

[1] Chiefdom，美国文化人类学家塞维斯（Elman R. Service）提出的概念，他在其代表作《国家与文明的起源》一书中提出了游群、部落、酋邦和国家四阶段的人类社会进化发展的观点。一般认为，酋邦是初始阶段的复杂和不平等社会。
[2] Mesoamerica 一词也可译为"中美地区"，本书为与"中美洲"进行区分兼顾行文简洁，采用半音译。

拉（Guatemala）、萨尔瓦多（El Salvador）、伯利兹（Belize）、洪都拉斯（Honduras）、尼加拉瓜（Nicaragua）、哥斯达黎加（Costa Rica）和巴拿马（Panama）七个国家。当然，也有一种说法，认为中美洲还包括墨西哥，以及巴哈马等西印度群岛国家。

"美洲中部"（Middle America）是一个地理学概念，北起墨西哥北部和美国西南部的索诺拉和奇瓦瓦沙漠地带，南至巴拿马地峡，还包括加勒比地区。有时还包括南美大陆的哥伦比亚和委内瑞拉，因为这两个国家有很多岛屿位于加勒比海。这个范围比狭义的中美洲更大。

"美索美洲"（Mesoamerica）则是一个文化概念，其范围北至墨西哥中北部，南达洪都拉斯和尼加拉瓜西部、哥斯达黎加西北角。该区域是文明孕育和发展的核心地区，居住着大量有着松散联系的族群，他们共享一些重要的文化实践，比如赖以为生的作物类型，尊崇的意识形态准则，采用的农耕和建筑方式等。这一文化区域概念最早由保罗·基尔霍夫[1]于1943年提出，它其实是一个覆盖了适合种植玉米并能获得稳定收成的连续区域，从某种意义上说，可以昵称为"玉米美洲"（maize-o-america）。

北美洲地图 NORTH AMERICA

图 2　北美洲地图[1]

---

[1]　图片来源：中华人民共和国自然资源部标准地图服务网站，审图号：GS（2023）2755号。

美索美洲也是本书讲述故事的发生地，因而《玉米王国》也算名副其实。但值得注意的是，这一文化概念的边界是在不断变动的。原因很简单，因气候变迁的关系，玉米的分布区域会偶有细微的变化，并且，一些核心人群的迁移和文化的交流也会让这个文化区的范围有所调整。

鸟瞰整个美索美洲，大致可分为西北和东南两个部分。西北部位于墨西哥境内，大多为高地山脉；东南部则位于墨西哥南部和危地马拉、伯利兹、萨尔瓦多和洪都拉斯等国，包含了相当面积的低地平原；二者之间以著名的特万特佩克地峡（Tehuantepec）为界。地峡西北，东、西谢拉马德雷山脉呈"Y"形从北向南延伸，形成一片广阔的墨西哥高地。高地支离破碎，有多座活火山，其间包含了若干适宜人群居住的盆地，诸如墨西哥盆地就发育出像特奥蒂瓦坎[1]和阿兹特克这样的伟大文明。往南的特万特佩克地峡附近，以维拉克鲁斯省为中心的海湾低地，是著名的奥尔梅克文明发源和分布地。地峡东南，山脉再次出现，从墨西哥东南沿着太平洋一路向南，范围覆盖危地马拉南部、洪都拉斯和萨尔瓦多大部和尼加拉瓜西北部。在山脉北侧，是美索美洲面积最大的低地——尤卡坦半岛，这里其实是一片巨大的石灰岩区，因溶蚀原因，分布着许多的天然水井（Cenotes），它

---

[1] 位于今天墨西哥城的东北部。其古城在鼎盛时期是美索美洲最大的古代城市，占地面积 20 多万平方千米，人口 10 万余人。

们也成为玛雅人举行祭祀活动的绝佳场所——圣井。

美索美洲狭长的形态，多样的地形，造就了丰富多彩的气候和植被。沙漠与雨林比邻而存，干冷的山区与湿热的沼泽相间排布。自北向南明显从干旱环境向半湿润区、再向湿润的热带雨林转变。当然，在这一总体趋势下，也有一些特殊的小环境。比如在干旱地区的中部高地存在大量河流汇集的谷地，其中，著名的墨西哥盆地即是湖泊和沼泽众多，阿兹特克帝国首都特诺奇蒂特兰就建立在特斯科科湖中的一座小岛之上。直到距今400年前后西班牙人到来后，挖了一条穿过山脉的运河，将盆地中湖泊和沼泽的水排干，这里才成为今天墨西哥城所在的谷地面貌。尽管如此，学者们还是根据纬度、海拔、气温和降水等，主要从农业的视角，将整个美索美洲划分为湿热地区、温和半湿润亚热带地区以及干凉地区。不同的气候条件孕育了不同的作物，除了人们赖以生存的玉米以外，墨西哥中部高地的高海拔干旱地区广种龙舌兰，一些海拔稍低的河谷如莫雷洛斯（Morelos）地区和温暖的海湾低地则盛产棉花，更南的恰帕斯（Chiapas）和危地马拉海岸出产的可可（cocoa）质量最为上乘。

旧大陆最古老的文明几乎都诞生于大河的河谷。尼罗河孕育了古埃及文明，苏美尔文明诞生于底格里斯河和幼发拉底河畔，哈拉帕文明崛起于印度河，以及我们最为熟悉的黄河与长江则是中华文明的摇篮。这些巨大的流域系统促进了地区的统一，也为物品交换和思想交流提供了便捷的通道。但美索美洲不同，这里没有连接各文化区的大河，相反，高耸的山峰和分散的流域构成了主要的地理景观。在讨论玛雅为何没有形成统一的帝国时，有研究者认为，相对隔绝的地理环境和缺乏作为交通和运输工具的大型牲畜是一个重要原因。

尽管今天学术界已不再将环境作为解释文化变迁与发展的唯一动因，但地理环境确实参与了文化的塑造，且对于史前文化格局的分野尤为重要。美索美洲作为一个大的地理环境，与北美和南美在文化上差异巨大。而内部诸如奥尔梅克、特奥蒂瓦坎、玛雅、托尔特克以及阿兹特克等文明的形成与发展，也是建立在独特的地理环境基础上，假如我们希望解开这些文明的独特密码，对其自然和人文环境的深入理解是必不可少的。

（三）玉米神的馈赠——美索美洲农业起源

可以毫不夸张地说，农业是史前社会文化发展和演进的基础。在地中海东部沿岸、东亚等主要农作物起源和发展区域，催生出像古埃及、苏美尔、古巴比伦和古代中国等闻名于世的古老文明。在讨论文明起源、社会复杂化和国家出现时，农业的起源和发展是不可或缺的一环。柴尔德在其著作《社会演化》（*Social Evolution*）一书中写道："我选择食物生产作为新石器时代从旧石器时代分离出来的标志。可食用植物的培育、家畜的驯养，或者两者结合，确实呈现了人类经济的革命性进步。它允许人口的大量增加；它使得生产社会剩余成为可能，甚至成为必然；它至少提供了资本的萌芽。如果经济与社会进化的时期以技术为基础定义，那么食物生产应该是一个时期确切开始的主要标志。本书用它定义由蒙昧向野蛮的转化，这样野蛮时代与新石器时代是一致的。"[2] 这也是柴尔德所谓"新石器革命"的主要观点，因而，后者也被称为"农业革命"。[3] 以"革命"二字表述农业的起源和实质性发展，可知它的重要性。同样是柴尔德，在对其另一个闻名于世的考古学理论——"城市革命"［讨论文明（国家）起源］——的论述中[4]，同样提及农业及其生产的重要性：包括食物剩余、农业多样化和灌溉工程技术等。

同我国北方地区（以粟、黍为主的旱作农作物起源区）和长江中下游（稻作农业起源区）类似，美索美洲也是世界几处最为重要的农业起源区域之一，本地动植物的驯化导致了食物生产的出现，而以栽培作物为主的农业经济模式，则直接促成了美索美洲早期文明的诞生。与世界其他地区相比，这里向农业生活方式的转变是缓慢的，其过程从古印第安时代（Paleoindian Period）开始，占据了整个远古时代（Archaic Period），并持续至公元前 2000 年前后的形成时代（Formative Period）早期。不同于其他农业起源中心，在美索美洲远古时代食物生产的早期发展过程中，驯化动物只扮演了很有限的角色，尽管包括狗、鸭子和火鸡在内的哺乳动物和鸟类在一些特定的时间和地点也曾被当作重要的食物来源。

全新世的开始为美索美洲大部分地区带来了更为温暖和湿润的自然环境，使得狩猎采集人群能够尝试扩展他们的食谱。考古证据显示，人们改变植物基因组的行为（即驯化作物的出现）开始于全新世早期，在大约公元前8000年之后很短的时间内。而农业起源的具体地点和区域，则受到了植物考古材料保存和现有考古发现的影响。早期作物栽培和驯化的证据通常来自三个渠道：（1）驯化植物和它们野生祖本的基因分析；（2）植硅体、花粉和淀粉粒等微体化石证据；（3）包括种子、茎干、花梗在内的大植物遗存证据。目前，考古学界对这三类数据的可靠性存在认识上的不一致：部分考古学家对微植物遗存证据表示怀疑，这些数据往往来自非直接测年材料，他们更信任有着清晰考古背景的直接测年样本，即大植物遗存。按照这一标准，早期驯化植物的材料似乎来自墨西哥高地的干燥洞穴遗址中，即"高地起源说"[5]；而基因和微植物遗存的数据则支持另一种观点，即许多重要植物的驯化发生在远古时代早期的低地地区和中海拔地区，直到远古时代中期，低地地区和高地地区的驯化品种才得到广泛的共享，这就是所谓的"低地起源说"[6]。

远古时代早期到中期（公元前8000—前4000年），美索美洲驯化的植物主要包括玉米（*Zea mays*），多个品种的南瓜属（*Cucurbi-*

ta）植物[1]，豆子[2]，牛油果（Persea americana），瓢葫芦（Lagenria siceraria）等。[7] 其中，玉米、菜豆和南瓜作为美索美洲最重要的栽培作物，于公元前8000—前6000年的墨西哥中部被人们所驯化[3]。这三种作物，可以在同一块土地上种植，在生长条件、营养和经济用途上互为补充，构成了美索美洲特有的"共生三姊妹"或"农业三宝"。美索美洲早期驯化品种不仅包含有粮食作物，还有经济作物。目前可以确认最早的驯化品种是一种来自野生葫芦的南瓜属植物——西葫芦，这些葫芦在公元前8000年的墨西哥瓦哈卡（Oaxaca）地区可能被用作盛器。棉花可能是早在全新世时期就被开发的植物资源，尽管其驯化时间尚未被确切核实。[8]

在远古时代早中期的大部分时间内，狩猎采集经济占据着主体位置，不过，栽培植物也起到了很好的补充作用。虽然狩猎采集依然重要，但到了形成时代早期，美索美洲社会复杂化程度急剧加深，人们开始使用成组的陶器，并趋向于更加稳定的定居生活。此时，栽培作物开始成为人们最重要的食物来源，农业生产取代狩猎采集成为主要的生计方式，成熟的农业社会也最终确立起来。从那以后，农业生产及其技术革新就如同一个推进器，为诸如奥尔梅克、特奥蒂瓦坎和玛

---

[1] 包括南瓜（Cucurbita moschata）、西葫芦（Cucurbita pepo）等。
[2] 菜豆（Phaseolus vulgaris）和荷包豆（Phaseolus coccineus）。
[3] 当然，不排除豆子和不同种类的南瓜可能在不同地点被多次驯化的可能性。

雅等美索美洲各种文明的形成和发展提供源源不断的动力。当然，古代玛雅人有自己的看法，在下文提及的圣巴特洛（San Bartolo）壁画中，他们把这一切归功于伟大的玉米神的馈赠。

（四）贸易网的驱动——美索美洲文化互动

除了阿兹特克帝国以外（实际上阿兹特克的核心统治区也仅限于墨西哥中部，许多学者不认为它是一个真正的统治严密的帝国），美索美洲许多政治体的分布和统治范围都局限在较小的流域或河谷中，自始至终缺乏一个单一的、幅员辽阔的、持久的文化和统治中心。然而，中心的缺失并未阻碍复杂社会的出现和发展，长远来看，反而对区域的社会进程有相当的促进作用。区域性文化在各自独特的背景下发展，利用本地可获取的物质资源，借鉴邻近区域的技术进展、作物驯化、社会革新和思想意识。这些紧密相邻的区域提供的不同资源进一步促进了物品和观念的交换以及人口的广泛流动。

所以，我们能够看到，从奥尔梅克时期开始，整个美索美洲大范围的远距离贸易网络就已初步形成。[9]在圣洛伦佐（San Lorenzo）等大型遗址中，维持日常生活、社区仪式以及等级制度需要的绿色玉石、翡翠、钛铁矿、黑曜石等物品均来自60千米外的图斯特拉斯山（Tuxtlas Mountains），以及更遥远的墨西哥盆地和危地马拉。当然，一些奥尔梅克的典型文化因素，包括刻画有代表天空（"火蛇"）和大地（"大地之兽"）的陶器、人形美洲豹塑像、玉米神和大地之兽形象的石雕等遗物广泛分布于墨西哥的格雷罗（Guerrero）、瓦哈卡、恰帕斯、危地马拉高地甚至洪都拉斯的科潘地区。

图 3　奥尔梅克文化的典型陶器和玉人

特奥蒂瓦坎则是美索美洲古典时代早期名副其实的贸易中心。大部分金字塔的表面都使用了特奥蒂瓦坎式"混凝土"[1]和石灰面，这在当时是一种珍贵的建筑材料，石灰可能来自盆地北部的图拉地区或南部与莫雷洛斯交界处。[10] 羽蛇金字塔下方祭祀区出土的海螺、橡胶球和串珠可能来自海湾低地；翡翠、猫科动物的骨骼和

---

[1] 特奥蒂瓦坎式"混凝土"是用泥土、碾碎的火山渣、碎石（cascajo）、沙子和其他添加物混合而成。

皮毛、黄铁矿磨制的圆镜等可能来自危地马拉[11]；绿色玉石人像可能来自梅斯卡拉（Mezcala）地区。来自低地的棉花（可能被制成纺织品）、橡胶、可可、翡翠、羽毛等奢侈品也汇集到城市中进行分配或交换。而作为美索美洲最漂亮、分布范围最大的绿色黑曜石，则是特奥蒂瓦坎最著名的出口产品。[12]今天，我们利用中子活化分析等科学技术手段，可以很有把握地了解到，在中美其他地区出土的绿色黑曜石，绝大部分是来自特奥蒂瓦坎控制下的帕楚卡（Pachuca）地区。与这些珍贵的绿色黑曜石一起"打包"而来的，还有各种特奥蒂瓦坎的陶器、石雕，以及建筑风格甚至军事干预等。

到了后古典时代，在阿兹特克帝国首都双子城之一的特拉特洛尔科修建了著名的大市场（Tlatelolco Market）。在这里，有来自帝国各地和其他地区的丰富物产，甚至包括诸如可可、纺织品、羽毛、铜斧、翡翠等奢侈品，以及大量待价而沽的奴隶。西班牙人曾造访大市场，并试图开列一份市场上售卖商品的名目。为此，贝尔纳尔·迪亚斯经过一番努力后只得半途而废，他同时坦言："对我来说，要想把这份目录写得面面俱到，是一项不可能完成的任务。"[13]阿兹特克帝国还有一个特殊的商人阶层——"波齐特卡"（Pochteca）。他们是由国家委派或者个人出资的，专门从远方贩卖高级商品或奢侈品的职业商人。"波齐特卡"遍布美索美洲的重要城邦，他们在墨西哥盆地内的很多大城市还设立了名为"卡尔波邑"

图4 特奥蒂瓦坎遗址出土的壁画

(Calpolli)的集中聚居区。"卡尔波邑"的主要作用是为那些生活陷入困境或事业遭遇危机的商人提供强有力的庇护。除了经济贸易活动以外,有些"波齐特卡"还会充当本国统治者与外国统治者之间进行各项交易的中间人,在帮助双方完成贸易的同时,实现外交层面的沟通。许多"波齐特卡"还会奉命深入敌国充当刺探情报的间谍,必要时甚至直接披挂上阵。并且,在阿兹特克帝国扩张时期,"波齐特卡"的被害经常被野心勃勃的阿兹特克人作为发动战争的借口。

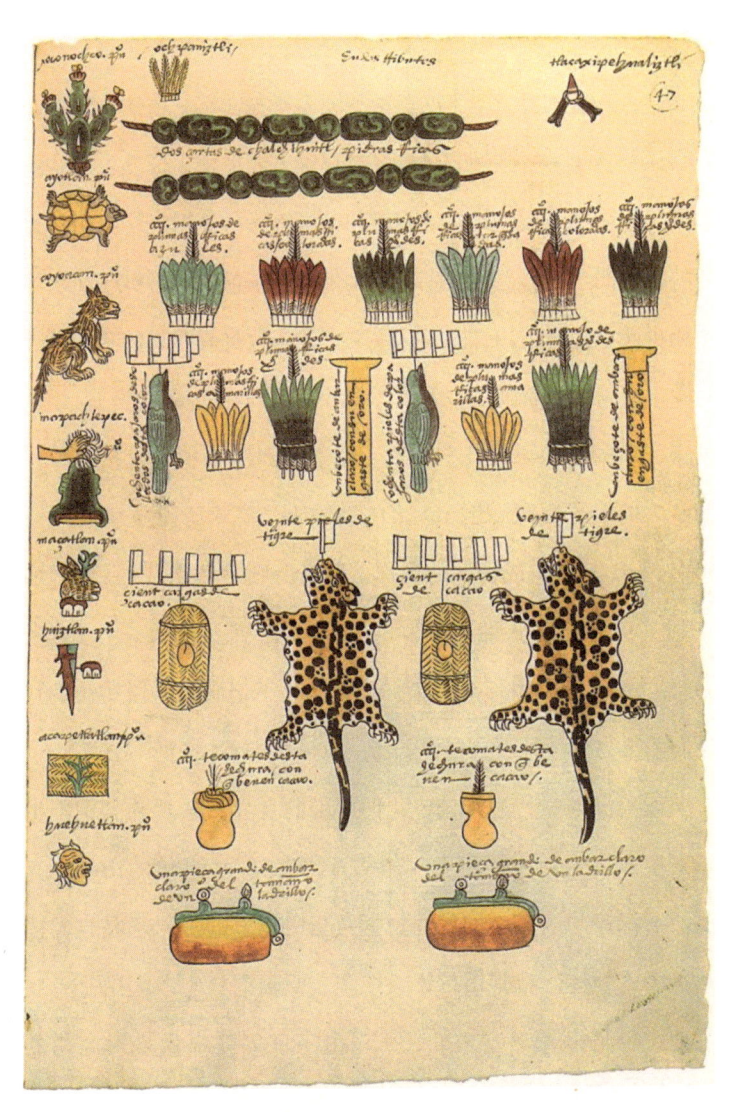

图5 《门多萨抄本》(*Codex Mendoza*)
记录阿兹特克帝国各地进贡奢侈品的清单

频繁、密切的商贸活动也必然带来人员流动，以及思想、意识的相互交流，在这种大背景下，美索美洲人群在文字、历法、宗教和艺术上存在相当大的一致性。尽管只有玛雅人发展出了成熟、复杂的书写系统，但诸如残留的抄本、石雕和壁画等考古证据表明托尔特克和阿兹特克文明也有自己的文字，甚至包括奥尔梅克和特奥蒂瓦坎等早期文明可能也已发展出文字。这些文字的书写具有明显的相似性，包括对象形字符的大量使用以及对于数字的相同表达方式等。

各文明的历法更是几乎一致。美索美洲历法主要包括两种，一年260天的仪式历和一年365天的世俗历，仪式历由数字（1—13）加日名（20个）构成每天的名称，世俗历则为数字（0—19）加月名（19个）构成每天的名称，二者结合就可标记出每一天。这种记历方式大约每52年就形成一个循环，热衷于记载长时段历史的玛雅人还发明出另外一种历法——长历（Long Count，详见第七章）。

美索美洲人民普遍相信，他们周围的世界、景观和其中的生物共享着生命之力和精神之力，即"万物有灵"。高耸的山峰、奔腾的河流、深邃的洞穴、修长的树木乃至田地里的玉米均是自然或超自然神力的载体。在神话传说或雕塑、壁画题材中，大山是万物起源之地，也是祖先魂归之处，所以金字塔等建筑就是对高山的模仿；河流等水域是雨神的居所；洞穴是通往冥界的出入口；诸如木棉或柯巴则是支撑天空的世界树，也是天地交流的通道；而赖以生存的

图 6　墨西哥总统波菲里奥·迪亚斯（Porfirio Díaz）与阿兹特克太阳石

（太阳石上雕刻了与创世、历法和祭祀等相关的图案）

玉米更是传说中创世者创造人类的材料，它年复一年的播种、收获为玉米神英雄史诗般的冒险旅程提供了最佳参照。这些宗教神话或相关元素是美索美洲人群的共同信仰，甚至直到今天还在指导着一些土著后裔的日常行为。回到前文关于美索美洲的定义和命名，我们可以将其视作一个地区人群间共享若干技术实践、思想意识和宗教理念的具有松散联系的文化互动圈。

参考文献

1. Kirchoff, P., 1943, "Mesoamerica: Sus Limites Geograficas, Composicion Etnica y Caricteres Culturales", *Acta Americana*, No.1, pp. 92-107.
2. Childe, V. G., 2017, *Social Evolution*, Delhi: Aakar Books.
3. Childe, V. G., et al., 1940, "Man Makes Himself", *Science and Society*, Vol. 4, No. 4.
4. Childe, V. G., 1950, "The Urban Revolution", *The Town Planning Review*, Vol. 21, No. 1, pp. 3-17.
5. Piperno, D. R., and Flannery, K. V., 2001, "The Earliest Archaeological Maize (Zea mays L.) from Highland Mexico: New Accelerator Mass Spectrometry Dates and Their Implications", *Proceedings of the National Academy of Sciences of the United States of America*, Vol. 98, No. 4, pp. 2101-2103.
6. Piperno, D. R. et al., 2009, "Starch Grain and Phytolith Evidence for Early Ninth Millennium B. P. Maize from the Central Balsas River Valley, Mexico", *Proceedings of the National Academy of Sciences of the United States of America*, Vol. 106, No. 13, p. 5021.
7. Smith, B. D., 1998, *The Emergence of Agriculture*, New York: Scientific American Library, pp. 150-160.
8. Coe, S. D., 1994, *America's First Cuisines*, Austin: University of Texas Press, pp. 9-65.
9. Grove, D. C., 1984, *Chalcatzingo: Excavations on the Olmec Frontier*, London: Thames & Hudson.
10. Evens, S. T., 2013, *Ancient Mexico and Central America: archaeology and cultural history*, London: Thames & Hudson.
11. Brown, K. L., 1977, "Toward a Systematic Explanation of Culture

Change within the Middle Classic Period of the Valley of Guatemala", in Sanders, W. T. and Michels, J. W., eds. *Teotihuacan and Kaminaljuyu*, College Park: Pennsylvania State University Press, pp. 411-439.

12. Santley, R. S., 1983, "Obsidian Trade and Teotihuacan Influence in Mesoamerica", in Miller, A. G., eds. *Highland-Lowland Interaction in Mesoamerica: Interdisciplinary Approaches*, Washington DC: Dumbarton Oaks, pp. 69-124.

13. Díaz del Castillo, B., 2010, *The True History of the Conquest of New Spain*, trans. Maudslay, A. P., Cambridge: Cambridge University Press.

第二章 从村落到帝国

（一）美索美洲最早的人群来自哪里？

亚洲起源无疑是最流行的一个答案。这是不难理解的：美洲原住民和亚洲人有很多共同的体质特征，比如眼睛上的蒙古褶和独特的铲形门齿。此外，还有一些令人费解的相似文化实践和信仰：比如亚洲人和美洲原住民都会在升起的满月表面看到一只兔子的形象。而在占卜历法、天文技术以及原始宇宙观等方面，美索美洲和亚洲之间也有一些相似性。美索美洲历法中数字和日名的搭配方式不禁令人想起中国的干支纪日；二者均将大地视作方形且有四根天柱或世界树支撑天空。事实上，著名考古学家张光直先生就认为中国文明与美索美洲玛雅文明是"同一祖先的后代在不同时代、不同地点的产物"[1]，二者产生相似性的原因就在于从旧石器时代晚期即已产生的与萨满教相关的意识形态内容——广泛存在于欧亚大陆、北美和中美洲地区的"环太平洋的底层"[2]。

关于人群从亚洲往美洲迁移的想法最早可以追溯至1590年的西班牙耶稣会博物学家何塞·德·阿科斯塔（Jose de Acosta）[3]，并且，他认为美洲人的远古祖先不可能通过航行跨过浩瀚的海洋，因此他推测新旧大陆之间应该有接壤，并且这个接壤地带就在当时尚未测绘的北极地区。当环球航行发现了狭窄的白令海峡后，这一猜想的可信度就更高了。后来的科学研究表明，在距今 11 万—1.15 万年的末次冰期（Last glacial period），海平面下降，白令海峡的大陆桥出露于海洋之上，为人群的迁徙提供了契机。

20 世纪二三十年代，美国新墨西哥州克洛维斯（Clovis）和福尔瑟姆（Folsom）地区发现了人类遗物和石器工具，包括与已灭绝的猛犸象骨骼混在一起的典型的尖状矛头，其年代在距今 1.2 万年前后。[4] 克洛维斯文化人群被认为是从亚洲通过白令海峡的"无冰走廊"，迁移抵达美洲的第一批人群。所谓"无冰走廊"即大约在 1.3 万—1.2 万年前，温度升高导致海峡及其南北两侧的冰盖融化，形成了一条贯穿南北的间隙，植被取代荒芜的岩石、沼泽和冰川，繁衍出野牛、猛犸象等动物。东亚人群或许正是追随猎物第一次踏上了美洲。

但 20 世纪末的考古发现对"克洛维斯人最先到达美洲"提出了质疑。1997 年考古学家在智利蒙特沃德（Monte Verde）遗址发现了被屠宰的乳齿象骸骨、绳索、火炉以及和克洛维斯完全不同风格的石器，碳 14 测年结果显示，部分遗物可能早至 1.4 万年前，这不仅早于克洛维斯文化的年代，同时也早于"无冰走廊"的形成时间。[5] 更有力的证据来自美国西北部俄勒冈州的佩斯利洞穴（Paisley Caves）遗址。[6] 考古学家在洞穴中找到了古代人类的粪便化石，经检测年代可达距今 1.43 万年，且科学家还从中提取出了人类的线粒体DNA。这些发现和研究表明，美洲最早出现人群或早至距今1.5万年，且可能是通过太平洋的海岸线迁徙而来，详见表1。

表1 美索美洲年代序列

殖民时代		公元1521—1821年
后古典时代	晚期	公元1430—1521年
	中期	公元1200—1430年
	早期	公元1000—1200年
古典时代	末期	公元900—1000年
	晚期	公元600—900年
	早期	公元300—600年
形成时代	末期	公元1—300年
	晚期	公元前300—公元1年
	中期	公元前900—前300年
	早期	公元前1200—前900年
	初期	公元前2000—前1200年
远古时代		公元前8000—前2000年
古印第安人时代		距今约1.5万年—公元前8000年

有赖于古DNA技术的发展，今天我们知道在距今约15000—1000年之间，至少发生了四次从亚洲至美洲的人群迁徙，其中最近的两次大约发生在距今5000年和距今1000年[7]，并且还有从美洲回流至东北亚的现象。[8]这表明人类从亚洲进入美洲的时间和路线并非以往认为的那样单一，整个图景比我们想象的要复杂得多。

（二）定居村落出现

更新世结束后，美索美洲人群迎来了漫长的狩猎采集阶段，这一阶段被考古学家命名为"远古时代"（Archaic Period），年代大致为公元前8000—前2000年，整整持续了6000年左右。[9] 猛犸象等大型动物走向灭绝，人群开始将食物需求转向鹿和兔子等较小的动物，仙人掌果等水果以及草籽和豆子同样是食谱的组成部分。随着采食者们越来越依靠植物获取食物保障，最终不断选择和驯化出一系列赖以生存的农作物，以玉米为基础，包括兼具本地特色的豆类、南瓜、苋菜、龙舌兰和树薯等。到公元前2000年前后，长期定居的村落最终出现。

定居的好处显而易见：有利于人口的繁衍。狩猎采集营地间的艰苦跋涉不仅消耗成年群体的精力，对于婴儿或幼童来说更是危险重重；同时，定居的出现使财富的积累成为可能，也为人口的增长提供了粮食保障。定居的发生肯定是早于农业生产和动物饲养的：最初可能只是推迟几个星期离开，或许是那一年气候适宜，狩猎采集的食物足够丰富；而对周边植物有意识的逐渐培育和对多余动物的饲养则开启了农业生产和动物驯化的进程。若干小的决策和调整叠加在一起，经过漫长的时间沉淀，产生了巨大的影响，使得人口朝着规模更大、密度更高的方向发展，社会也开始向更复杂的方向转变。

在特瓦坎（Tehuacán）河谷，大约在公元前3400—前2300年，一些河流的阶地上出现了永久性的聚落。诸如科斯卡特兰洞穴（Coxcatlan Cave）[10]、圣马科斯（San Marcos）等遗址发现了篮筐、石制的碗、罐子等[11]，人们开始更多食用驯化的玉米、豆类和南瓜，地穴式的房屋出现了。在墨西哥湾低地沿岸，这里出现了高强度利用贝类和其他水生资源的村落，人们还种植木薯作为食物的来源之一。玛雅低地因环境原因发现的聚落极少，位于尤卡坦东部伯利兹的贝茨兰丁（Betz Landing）遗址[12]出土了磨盘和网坠，显示出人们对水生资源的开发利用，在沉积层的钻芯中发现的玉米孢粉表明人们可能已经开始种植玉米了。

（三）复杂社会形成

公元前2000年—公元300年被称作美索美洲的"形成时代"（Formative Period）。[13]之所以这样命名是因为从这一阶段开始，美索美洲的文化发展、升华，形成了一整套独特的文化特征和行为模式。在这个过程中，社会秩序逐渐脱离平等。到形成时代中晚期（公元前300年前后），整个美索美洲的人群都或多或少地生活在等级社会中，少数人"脱颖而出"，强迫他人为自己提供物资和服务，从政治形态上说，这些社会均已进入所谓酋邦甚至国家的阶段。

恰帕斯州西南的索科努斯科（Soconusco）海岸，地处墨西哥与危地马拉接壤处，在那里分布着一支被称作"莫卡亚文化"（Mokaya）[1]的人群。他们大量使用小口的彩陶罐，考古学家认为其可能用于盛放饮料。当时玉米已经被驯化了很长时间，但其长仅3厘米左右的玉米穗能够提供的食物非常有限。在莫卡亚文化中，玉米可能有特别的作用，比如用它的汁液来酿造可口的"啤酒"。对于莫卡亚人群来说，能量可能并不是种植谷物的首要目的，他们居住在沼泽地旁，一直有着各种各样的野生资源。到公元前1650—前1500年间，这一地区出现了两级结构的聚落形态，包括面积20万—75万平方米的中心聚落和面积仅1万—5万平方米的周边小村落。丰富的海岸和河口资源养活了这些酋邦，其居民在此生产食盐等各种各样用于交易的产品，并与危地马拉高地的黑曜石产地进行贸易。一处名为帕索·德·拉阿马达（Paso de la Amada）的遗址首先展现出复杂社会的特征，该遗址的西班牙语义为"爱的阶梯"，在这里发现了美索美洲年代最早的球场。[14]在

---

[1] 在当代土著所说的米塞-索克语中，该词意为"玉米之民"。

之后的美索美洲文化史中，球赛在社群生活和社会关系中扮演了非常关键的角色，球场也是都城和大型城市必备的仪式性建筑，第八章将详细介绍。除了球场以外，遗址还发现了数座规模宏大的建筑，不少应是民政—仪式（civic-ceremonial）设施。其中6号土墩至少有六层，经过多次改建和重建，相关遗物表明这是一处日常居所。上面的4号建筑，长22米、宽10米，应当需要大量家庭近亲以外的劳动力的支持。

萨波特克人居住在地峡以西的瓦哈卡谷地，这里农业生产比较发达，还制作、生产高地最早的陶器。与索科努斯科地区一样，瓦哈卡的社会复杂程度同样表现在建筑上，但不同的是，这里的民政—仪式设施是公共房屋。圣何塞·莫戈特（San José Mogote）遗址的一座大房屋长5.4米、宽4.4米，可能为一间"男性之屋"，村落中的成年男性在此集会。[15] 靠房屋南墙处类似台阶的结构可能是一处祭台。房屋地面中心有一座灰坑，内部填满了石灰粉，可能与野生烟草、曼陀罗或者牵牛花等致幻性植物在仪式中一起使用。

圣何塞·莫戈特遗址面积一度达42万平方米，且较早地修建起鹅卵石和砾石包砌的多层土台，明显是为了承载大型的公共建筑。到形成时代晚期，14号和19号建筑之间有一个过道，过道门槛内嵌着一块石板，上面描绘着一个身体扭曲的裸体男性，明显"是一个被杀或献祭的俘虏"[16]。受害者的两脚之间保留了一段文字信息。下方的字符被解读为"1"，上方的字符则是"地震"，连在一起形成了萨波特克仪式历法中某天的日名。[17]考古学家认为这是牺牲者的名字，以他出生的日期命名，这在美索美洲是常见现象。并且，有的考古学家认为，这种习俗很可能源于东北亚地区，包括中国商代的王室也使用日名来称呼自己。

进入公元前1200年前后，美索美洲第一个成熟的文明终于出现，崛起于海湾低地的奥尔梅克文化创造了美索美洲首个成熟的复杂社会，其艺术风格也是美索美洲最早为现代审美所广泛接受的。[18]尽管奥尔梅克的中心可能并不是真正的城市，其职业专门化不算发达，书写和历法的成就尚停留在初始阶段，但它雄伟且有规划的大型民政—仪式建筑和精致的艺术风格，开启了美索美洲成熟文明的先河。圣洛伦佐和拉文塔（La Venta）分别是其早晚两个发展阶段的中心。

圣洛伦佐从公元前1500年开始有人居住，是形成时代早期美索美洲最重要的遗址。[19]其主体部分，包括一些高大的民政—仪式建筑均修建在一座凸出地表的巨型平台之上，南北长约1200米、东西宽约600米，是一处"大型的由第三纪黏土和膨润土构成的自然隆起，但被人工加高了7米"。平台侧面布满深深的缝隙，早期的发掘者认为这是侵蚀作用形成的，之后的勘查则发现这是有意为之的景观改造。平台中心从北向南分别有三座庭院：北部庭院、中央庭院和南部庭院,晚期则被广场和神庙台基所覆盖。平台中心为高 6 米的土丘,其南北两侧共有 3 个土筑矮垣围成的院落;此外,还发现了一座名为"红宫"(Red Palace)的高等级建筑,以赤铁矿夹沙铺地,用高达 4 米的玄武岩柱支顶。平台上还发现了石砌的引水槽和蓄水池设施,既有实用功能,也与仪式活动有关。此外,还有 70 多件石雕,矗立于各类建筑周围,有刻画国王神圣起源的王座,有鸟类、猫科动物和超自然怪兽的形象;还包括 10 件奥尔梅克文明标志性的巨型人头像,高 1.35—3.4 米,重达 6—50 吨,刻画的是头戴球员护具的国王形象。其厚实的嘴唇和下垂的嘴角表现出美洲豹的特征,宣示国王是如玉米神一样的优秀球员,并具有与美洲豹相互转化的萨满之力。

在圣洛伦佐衰落之后,拉文塔接过了权力的火炬。该遗址面积达 200 万平方米,包含了大量的民政—仪式建筑,已经具有一座真正城市的特征。[20] 遗址以 C 组建筑群为中心,包括其平台上的巨型金字塔 C-1。该金字塔有 30 米高,占地面积约 10 万平方米,形状大体呈锥形,但受到严重的侵蚀。学者们纷纷猜测这是否就是当初原本的设计,即建造者在修筑金字塔时有意模仿火山的形象。

图 7　奥尔梅克巨石人像（后）和美洲豹石雕（前）

图 8　拉文塔金字塔 C-1

C组建筑群北侧为仪式核心区A组建筑群，其中A-2号土墩近圆形，下方埋着以大石柱搭建的"石柱之墓"，内有2具或3具年轻人的遗骸、翡翠雕像和其他玉器，还有一件由黄貂鱼刺制成的奢侈品头饰。在"石柱之墓"旁边的平台内部发现了大量祭品，包括一组迄今为止最为精彩的奥尔梅克文化遗物——"美洲豹面具"马赛克拼图。拼图位于7米深的祭祀坑中，大约4.5米×4.5米见方，由放置在沥青基面之上的400多块蛇纹石块构成。考古学家认为，这可能是一棵生命之树，或是一幅描述拉文塔与冥界联系的宇宙结构图。在蛇纹石马赛克图案上方，还人为堆填了多层的彩色黏土。

在另外一座 4 号祭祀坑中，发现了与宗教仪式活动有关的行为证据。这一场景包括 16 个人物，分别由翡翠、蛇纹石和砂岩制成，还有 6 件磨光石质窄斧形物。这些人物都是男性，并且都被刻画成颅骨变形的形象。它们都被人有意规律放置，中心有四个人物相对而立，其余则站成一个半圆形面向他们。

奥尔梅克人创造了美索美洲第一个有着广域影响力的文化，特别是它独有的陶器风格和图像被传播到各地，引发了考古学家关于奥尔梅克文化是不是其他地区"母文化"的争论。但不管如何，我们说奥尔梅克文明激发了美索美洲其他文化的兴起或发展，应当是不为过的。在瓦哈卡谷地，蒙特阿尔班（Monte Albán）取代圣何塞·莫戈特强势崛起；玛雅低地的埃尔米拉多尔（El Mirador）成为有史以来最大的玛雅遗址；危地马拉高地的卡米纳胡尤（Kaminaljuyu）成为众多文化交流的中心，其统治者获得了无数的财富；墨西哥盆地的特奥蒂瓦坎更是横空出世，几乎横扫了半个美索美洲，关于它们的故事将在下一节中提及。

（四）制度国家建立

公元前 300 年—公元 300 年是形成时代的晚期和末期，这也是美索美洲众多酋邦纷纷向国家转变的重要时期。国家是最复杂的政治组织。在酋邦社会，权力的行使更多与亲属关系相关，每个家庭的社会等级取决于它与统治者关系的密切程度。国家则与此不同，它一个重要特征是出现了社会阶层（因此有分层社会一说），阶层（或阶级）有不同的等级或地位。人类学家用"制度化"这个术语来描述这个过程是如何发生的：具有权力的地位被改造成制度化和永久性的公职，从而建立起一种超越任何个人品格、技能和寿命的政治结构。同时，像军队、警察等暴力机构确保社会上层对关键资源的获取，甚至制定法律为这些行为提供正当性，并惩罚敌对者。

在瓦哈卡谷地，蒙特阿尔班的人口已达到 17000 人，整个谷地大致形成了四个等级的聚落群，均处于蒙特阿尔班的控制之下。[21] 危地马拉高地的卡米纳胡尤竖立起大量雄伟的纪念碑，上面大多雕刻正在举行仪式的统治者。卡米纳胡尤在贸易上扮演了重要的角色，可能控制了埃尔查亚尔（El Chayal）等地的黑曜石资源和石叶的生产及出口。[22] 在佩藤地区，埃尔米拉多尔以拥有玛雅世界最壮观的仪式建筑群而著名，甚至与整个古典时代所有玛雅遗址相比也毫不逊色。[23] 它通过一条长达 13 千米的"白色之路"（Sacbe）[1]，穿越沼泽地区与另一个城邦国家纳克贝（Nakbe）相连。在遗址内还发现了宫殿存在的证据。其西侧的埃尔莱格雷建筑群占地面积比

---

[1] 以石块和鹅卵石等铺砌的大道，上面一般覆抹石灰，整体呈现白色。

蒂卡尔（Tikal）Ⅳ号神庙大六倍，是古典时代最大的建筑，上面的金字塔高 55 米，体积达 38 万立方米。离埃尔米拉多尔不远的一个小型遗址圣巴特洛，考古学家发现了形成时代最精美的壁画，展现了玛雅人独特的世界观，下文还会详细叙述。利用神话故事论证统治权力的合法性和强化社会分层，将一些"想象"投射到现实社会中，造成上层与平民之间的鸿沟越来越大，成为玛雅社会国家构建和政治治理的特点。蒂卡尔城邦已经建立起来，并且发现了最早的将独具玛雅特征的君主肖像和长历结合到一起的石雕纪念碑（29 号纪念碑）。我们可以看到，君主肖像、祖先崇拜、宗教仪式、历法周期被有机地整合到一起。这是古典时代玛雅王权统治最基本、最重要的特征。

形成时代晚期最负盛名的国家当数特奥蒂瓦坎。其都城特奥蒂瓦坎古城是美索美洲历史上最大的城市，任何古典时代甚至阿兹特克帝国的中心跟它比起来都相形见绌。[24] 当古城沦为废墟后，阿兹特克人依然怀着朝圣的心态频频前来瞻仰，特奥蒂瓦坎一词就是阿兹特克人以纳瓦特尔语命名的，意为"诸神之城"。西班牙修士贝尔纳迪诺·德·萨阿贡（Bernardino de Sahagún）记录了这样一段阿兹特克人的传说："诸神是如何诞生的……在特奥蒂瓦坎，他们说，就在这个地方，就在世界仍然处于黑暗之时。所有的神聚集到那里一起协商讨论，谁来肩负统治的重任，谁来当太阳。"[25]

大约从公元前 100 年开始的一个多世纪里，特奥蒂瓦坎从几乎空无一物发展为一座大型城市。太阳金字塔、月亮金字塔等宗教仪式建筑相继修建起来，最终，城市被打造成一座以"死亡大道"（Street of the Dead）为中轴线，两侧和顶端分布着大型金字塔的仪式圣地。

图9　从月亮金字塔顶端俯瞰"死亡大道"（左上方为太阳金字塔）

太阳金字塔位于"死亡大道"东北侧，基座边长220米左右，高达63米，体量巨大。在历史上的美索美洲其他地方，几乎没有建筑超过甚至接近其规模。在金字塔底部熔岩层的下方，有一条人工开凿的不规则长隧道，终端处有一四瓣花形洞室[26]，象征起源之洞。它明显是一处神圣的场所，是祖先诞生之处，时间起始之点。前方广场出土的石刻残块和周边建筑群发现的壁画，着重表现了美洲豹、人头骨和带金刚鹦鹉特征的潜水动物，可能都与太阳有关。

月亮金字塔位于"死亡大道"北端，前后经历了七个时期的大规模改建和扩建，最终成为特奥蒂瓦坎第二大金字塔。下方放置了五座人牲墓葬。每座墓葬中都有十几具人牲，随葬的黑曜石、绿色玉石以及其他珍贵物品非常丰富，此外还有大量通常与军事职务有关的凶猛动物殉葬（包括美洲狮、美洲豹、狼、鹰、响尾蛇等）。这些墓葬明显都是为了宗教祭祀而设。而墓葬中发现的响尾蛇黑曜石雕和风暴神罐似乎表明月亮金字塔与羽蛇和风暴神联系密切。

羽蛇金字塔位于"死亡大道"南端的"西乌达德拉"建筑群，底部边长65米，最初高度20米，是特奥蒂瓦坎第三大金字塔。金字塔外表由大型切割石[1]拼砌而成，每块重达数百千克。上面雕刻波浪般起伏的羽蛇身体和海贝，并有凸出的圆雕羽蛇神和风暴神头像，整个建筑象征着混沌初开时耸立于天地之间的圣山和周围的水世界。[27]在金字塔下发现了大量墓葬和人牲，可能是特奥蒂瓦坎的武士。墓葬中常见的随葬品包括黑曜石石叶、尖状器、蛇形饰、绿色玉石饰品、镶嵌镜子的板岩圆盘、海贝、陶碗和风暴神罐等。部分墓葬的墓主佩戴有以人下颌骨为装饰的项链，但多数是以兽骨或海贝仿制的。羽蛇金字塔前方广场下，有一条狭长的隧道直通金

---

[1] 切割石为人为加工的石块，多呈楔状，朝外侧的一面打磨相对平整。

字塔正中心下方，壁上涂抹金属矿粉，在火炬的映照下，隧道仿若星空或是波光粼粼的水面，精心营造出冥界氛围。[28] 在距离隧道口103 米处发现了一片祭祀区域，出土了大量珍贵物品，包括四件绿色玉石人像，数十件精美的刻纹海螺，橡胶球，数千枚串珠，大量玉石，猫科动物的骨骼和皮毛，黄铁矿磨制的圆镜等，这些奢侈品均是奉献给神灵的祭品。羽蛇金字塔和下方的隧道分别象征圣山和冥界，共同构成了创世神话中宇宙的模型。由于羽蛇神是主导战争和代表王权的神祇[29]，这里可能也是统治者获得神授权力的场所[30]。

特奥蒂瓦坎为何能强势崛起？考古学家并没有完美的答案，我们可以保守地认为这是一系列偶然和必然原因综合的结果。首先，城市周边的谷地水源充足，且适合发展排水农业；其次，特奥蒂瓦坎靠近包括帕楚卡在内的几个最重要的黑曜石产地，垄断了绿色黑曜石这样的珍贵资源，成为美索美洲形成时代晚期最重要的贸易中心；最后，特奥蒂瓦坎以"死亡大道"为中轴线修建了宏大的仪式核心区，打造出一座宗教仪式圣地，不断对外输出宗教和意识形态，成为当时最具影响力和吸引力的城市。此外，包括波波卡特佩特尔（Popocatépetl）火山爆发带来盆地内的大量移民[32]，以及领导者正确利用宗教策略进行宣传吸引难民等，可能也是导致特奥蒂瓦坎崛起的原因。

关于国家的形成是考古学研究最重要、最具吸引力的课题之一。世界范围内不同的地区和文化区域，国家的形态和结构、形成的动力和过程各不相同,并且有的地区直到近现代以前可能一直没有形成国家。就美索美洲而言,国家大多为城邦式,以城市为中心进行政治治理,应当不存在严格的国界线,而在其形成过程中,宗教仪式和跨区域的贸易活动(主要是奢侈品交换)可能起着非常重要的作用。

(五)黄金时代

美索美洲的"古典时代"(Classic Period)被学者们用来定义玛雅文明中心城邦的繁盛时期。在这些玛雅遗址发现的纪念碑上,大多刻着从公元300年前后到公元900年的日期,学者们认为这个时期美索美洲的手工技术、艺术和文化都到了很成熟的地步,足以媲美古希腊,堪称"黄金时代"。因此,这个时期的美索美洲就像古代地中海世界一样,具有"古典"的特征。

前文提及的特奥蒂瓦坎依然繁荣,城市面积达到惊人的20平方千米,沿着"死亡大道"这条南北向的仪式之路,形成网格状布局。在这些网格中,大约修建了2200座大多为方形的居住院落,鼎盛时期人口达12万人。商贸活动非常发达:黑曜石生产与出口规模庞大,几乎整个美索美洲都有来自特奥蒂瓦坎的绿色黑曜石发现。通过建筑风格、出土陶器和葬制葬俗,考古工作者在特奥蒂瓦坎城内分辨出来自瓦哈卡、墨西哥湾地区、米却肯(Michoacán)人群和玛雅人的飞地，居住者大多与贸易有关。可能是为了保证贸易活动顺畅，这一阶段的特奥蒂瓦坎对外政治和军事影响达到顶峰。墨西哥盆地西部托卢卡（Toluca）谷地和南部莫雷洛斯地区发现了特奥蒂瓦坎的陶器；蒙特阿尔班一座纪念国王登基的石碑下方边缘，雕刻了来访的特奥蒂瓦坎使者[33]；海湾低地一些遗址被认为是特奥蒂瓦坎的前哨或贸易据点；在墨西哥西部，埃尔·罗萨尼奥（El Rosario）遗址发现了描绘弯曲黑曜石刀和其他特奥蒂瓦坎风格器物的壁画[34]；格雷罗海岸地区的阿卡特姆帕（Acatempa）遗址发现了一座特奥蒂瓦坎风格的石碑。而对玛雅地区的"干涉性"互动得到了图像、铭文的证实，包括蒂卡尔和科潘等遗址都发现了类似的证据[35]，下文还会详细介绍。

瓦哈卡谷地人口持续增长，达到10万人，蒙特阿尔班依旧是统治这里的中心。但来自北部普埃布拉文化的入侵，使得许多遗址都兴建了墙和沟一类的设施。在蒙特阿尔班南部平台的东北角，有一块纪念国王12美洲豹的石碑，石碑出露地表的上部雕刻了站立在王座上的国王本人，下方埋藏地下的部分则雕刻了来访的特奥蒂瓦坎使者。使者们手中均拿着香囊，这是仪式上使用的珍贵和神圣的礼物，但为何这些来参加仪式的特奥蒂瓦坎人被东道主深藏在地下呢？学者们也是一头雾水，但这可能侧面说明蒙特阿尔班和特奥蒂瓦坎的关系是错综复杂的。而这些包含战争、结盟、政治联姻、傀儡统治等在内的波云诡谲的"国际关系"，是古典时代最令人着迷的话题之一。

古典时代最值得讲述的仍然是玛雅的故事。位于危地马拉北部的佩藤地区是玛雅城邦分布的核心区域，其中，蒂卡尔可能是最知名的遗址。[36] 今天，有赖于前赴后继的天才考古学家们的努力，我们对于石碑上记载的这些王朝的历史基本都已掌握。蒂卡尔王朝大约在公元1世纪建立起来，其建立者可能是雅什·埃布·舒克（玛雅语义为"第一级台阶之鲨鱼"）。但是，到公元378年1月，其王朝世系被来自"西方"的将领西雅·卡克（玛雅语义为"烟之蛙"）中断，原来的国王查克·托克·伊察克一世（玛雅语义为"美洲豹之爪"）"投入水中"（被杀），新立的国王雅什·努恩·阿因一世（玛雅语义为"卷鼻王"）具有特奥蒂瓦坎血统，他的父亲"掷矛者猫头鹰"是一位鼎鼎大名的统治者（统治时间为公元374—439年），活了90多岁。这一重大的政治事件除了石碑铭文的记载外，也充分体现在遗址一些建筑的风格以及部分随葬品上。到古典时代晚期，蒂卡尔人口达到6万人，有的金字塔高度超过60米，遗址中心北部修建了一条自东向西长约5千米的大型壕沟。蒂卡尔的北卫城一直在新建和扩建，这里是王室墓地，众多蒂卡尔的国王长眠于此。在建筑前方放置的大量纪念碑，如同参天大树一般耸立。距离蒂卡尔北部约20千米的瓦哈克通（Uaxactun），在古典时代早期已经拥有了仪式建筑神庙金字塔和贵族居住区，最重要的发现是一组名为"E组建筑群"（Group E）的仪式建筑，考古学家推测它与天文观测相关[37]。

表 2　蒂卡尔王朝世系

	国王	事件
	雅什·埃布·舒克　约公元 90 或 219 年在位	王朝建立
	饰叶美洲豹　公元？年	
	动物头饰　公元？年	
公元 300 年	西雅·产·卡威尔一世　约公元 307 年在位	
	乌棱·巴拉姆夫人　约公元 317 年在位	男性继承世系中断
	齐尼奇·姆万·霍尔　公元 359 年 5 月去世	
	查克·托克·伊察克一世"美洲豹之爪" 公元 360？—378 年在位	
		男性继承世系中断
	雅什·努恩·阿因一世"卷鼻王" 公元 379—404？年在位	"掷矛者猫头鹰"之子得到西雅·卡克"烟之蛙"的支持
公元 400 年	西雅·产·卡威尔二世 公元 411—456 年在位	帕伦克，科潘，基里瓜王朝建立
	坎·齐塔姆　公元 458—486？年在位	
	查克·托克·伊察克二世 公元 486—508 年在位	
公元 500 年	蒂卡尔夫人　约公元 511—527 年在位	
	鸟爪？	
	瓦克·产·卡威尔　公元 537—562 年在位	公元 553 年：扶植卡拉科尔国王，但是到公元 556 年，与卡拉科尔及卡拉克穆尔开战；公元 562 年：蒂卡尔在"星战"中失利 公元 562—592 年：中断，蒂卡尔被攻占，卡拉克穆尔可能是肇事者

危地马拉高地西侧发育了中美洲最大的河流——乌苏马辛塔河（Usumacinta），它穿过尤卡坦低地南部，蜿蜒向北，直达墨西哥湾。这条河的流域系统孕育了许多重要的玛雅遗址，从下游算起，帕伦克（Palenque）、波莫纳（Pomona）、彼德拉斯·内格拉斯（Piedras Negras）、雅什奇兰（Yaxchilan）、拉坎哈（Lacanhá）和博南帕克（Bonampak）等都包括其中。

帕伦克王朝似乎是由一位外来统治者于公元431年建立的，与蒂卡尔同时受到了来自特奥蒂瓦坎的巨大影响。[38]帕伦克的一篇铭文甚至提到了入侵蒂卡尔的西雅·卡克，这表明王朝的建立与特奥蒂瓦坎的军事干涉事件有关。帕伦克最知名的莫过于帕考王（K'inich Janaab Pakal Ⅰ）的陵墓。这座豪华的墓葬深藏于铭文神庙之下，墓室与顶部的神庙由"心灵管道"或"精神之管"连接。这个管道沿建筑内隧道的台阶修造，帕考的后人可以通过管道与其灵魂交流。墓室以石灰密封，帕考王静静躺在墓室的石棺之中，石棺四周雕刻了永恒的祖先肖像，暗示王室世系继承的合法性和神圣性。棺中有他的遗骨，撒满朱砂，以大量珍贵的玉器装饰。棺盖上的图案更是精美，方框顶部以各种象征星象的符号刻画出一条"天空之带"；方框内中部有一棵直达天际的世界树，上方立着一只身披华彩的神鸟——著名的大鹦鹉；世界树下方有一只张开大口的白骨蛇，象征冥界；蛇口中有一件由黑曜石刀和黄貂鱼刺构成的祭祀盘，暗示帕考或许如同玉米神一般是沉入冥界的祭品。整个图案的构图和设计也表明，帕考即将通过世界树开始他的重生之旅。

雅什奇兰位于乌苏马辛塔河湾之处，其地利在于统治者通过解读天文和地形之契合、演绎玛雅历法和王朝世系的联系来巩固权力。[39]最具特色的精美石雕位于门楣的下方——那些进入中心神庙的人必须抬头仰视才能获得图像和文字的信息，上面雕刻的大多是国王举行仪式的场景。其中有一件现藏于大英博物馆的门楣石板，上面雕刻了两个人物，左侧站立者为手持火炬的国王，右侧下跪者是手捧绳索的王后。绳索上镶嵌有黑曜石片，王后正将它穿过自己的舌头，鲜血随即沾满了绳索，后者被放入祭祀器皿中并焚烧，其烟雾直达天际成为神灵的飨食。

南部低地边缘的卡拉克穆尔（Calakmul）是古典玛雅最大的城邦，因其玛雅语徽章为一个蛇头，所以也被考古学家称作"蛇王朝"。[40]它也曾是玛雅世界的霸主，与蒂卡尔等其他大型城邦频繁发生战争，争夺权力。考古学家最近发掘了遗址主广场北部的一个低矮平台，发现了一些反映日常生活的写实壁画。其中一幅壁画上玛雅人正在准备和食用食物，乍看起来似乎是描绘市场买卖，其实更可能是宴饮的情景。

玛雅世界东南边缘最重要的城邦即是科潘[41]，其都城遗址位于牟塔瓜河（Motagua）附近的科潘谷地内，控制着可能是玛雅世界唯一的翡翠矿源。科潘王朝的创建者齐尼奇·雅什·库克·莫并非本地人，古典时代晚期对他的描绘显示他戴着圆形的"眼罩"，这是一种流行于墨西哥中部与风暴神特拉洛克相关的装饰。在他安息的16号金字塔前方，放置了一尊记载王朝建国历史的Q号祭坛。祭坛呈方形，四面按顺序雕刻了科潘历史上的16位国王，其中第一王齐尼奇·雅什·库克·莫完全是一副特奥蒂瓦坎武士的打扮。他佩戴圆形"眼罩"，右手持盾，左手正将象征权力的火炬传递给第十六王，表明了王权合法性的继承。在16号神庙正中心的下方，考古学家发现一具骸骨，锶同位素分析表明他并非科潘本地人。令人吃惊的是，他的右手明显有应力性骨折，联系到他右手持盾牌的图像，学者们大胆推测这是长久持盾在战场厮杀过程中反复受伤—愈合的结果。科潘王宫区以16号神庙为中心，不断向四周扩建，包括大广场、鹦鹉球场、象形文字台阶等民政—仪式建筑不断新建，且层层加高，最终形成了类似城堡的建筑群，被称为"科潘卫城"。

黄金时代的伟大成就毫无疑问要归功于玛雅人民。就算是遭受了岁月的侵蚀和殖民者的摧残，以及晚期盗墓者的肆意破坏，经考古学家的手铲和毛刷揭露出来的零光片羽也足以让我们震撼不已。但在公元9世纪前后，整个玛雅世界（特别是南部低地）不约而同地出现了王朝的崩溃。在科潘，考古学家发现了未雕刻完工的L号祭坛，斑驳断损的石雕本体及其上面残留的模糊不清的象形文字日期——公元822年，恰似这个黄金时代终结的信号。

图 10　科潘 A 号纪念碑和上方的金刚鹦鹉（李默然　摄）

（六）帝国兴衰

玛雅世界的普遍崩溃标志着黄金时代的逝去，建筑不再加高，纪念碑不再兴建，许多雕刻甚至还未完工就被遗弃。但玛雅文明并未完全消失，在尤卡坦半岛北部，反而迎来了文化高峰，诸如乌斯马尔（Uxmal）、奇琴伊察（Chichén Itzá）和玛雅潘（Mayapan）等遗址成为玛雅世界为数不多的亮点。

与此形成鲜明对比的是，托尔特克人（Toltec）的中心——图拉（Tula）的崛起，使得墨西哥中部自从特奥蒂瓦坎衰落之后，再一次站上了美索美洲政治舞台的中心。[42]鼎盛时期的图拉面积近16平方千米，城市人口约6万，周边郊区还有6万人。城市核心的仪式区深受特奥蒂瓦坎风格的影响。金字塔B和金字塔C位于仪式区的东北角，二者的位置关系完全是模仿特奥蒂瓦坎的太阳金字塔和月亮金字塔。金字塔B的雕刻主题是战争和人祭；顶部是著名的巨型武士雕像，他们身着托尔特克战衣，手持投矛器和盾牌，这都是墨西哥中部战士的装备。金字塔前方有柱廊，奇琴伊察的武士之庙金字塔形态与之类似，明显是受到其深刻影响。图拉是著名的手工业生产和贸易中心，直到阿兹特克时期，整个帝国还对托尔特克人的手艺推崇备至。图拉的贸易网络将精美的陶器、金属器、宝石等奢侈品，以及墨西哥中部的生活方式和信仰体系带给了千百里外的人群。古典时代末期，羽蛇神的信仰和传说重新在美索美洲流行，其背后原因自然是图拉的崛起，它被认为是羽蛇神崇拜的起源地，也是托尔特克英雄塞·阿卡特尔·托皮尔钦·克察尔科阿特尔（羽蛇神的人类化身）的王畿所在。羽蛇神因各种原因遭受放逐，它只能身着黑衣、留着满脸络腮胡向东旅行至乔卢拉（Cholula）和奇琴伊察等地（这不禁令人想起图拉与奇琴伊察某些建筑的高度相似性），但人们始终认为终有一天他会王者归来。当1519年埃尔南·科尔特斯（Hernán Cortés）恰好在以克察尔科阿特尔命名之日抵达墨西哥湾海岸时，他也是身着黑衣、留着络腮胡须，所以很多人甚至将这位殖民者视作羽蛇神的化身。

图拉对于阿兹特克的影响是显而易见的，在后古典时代的墨西哥盆地，许多族群尤其是阿兹特克人均视自己为图拉遗产的正统继承者。当然，阿兹特克人自身的历史也是一首宏大、悲壮的史诗。

阿兹特克人的故事始于古典时代晚期以来的移民潮，晚期文献和一些考古证据表明当时确实有大量人群从北方甚至是沙漠地区，向墨西哥中部高地迁徙。"阿兹特克"是一个现代词汇，指的是所有宣称祖先来自阿兹特兰的族群。[43] 阿兹特兰来自纳瓦语，意思是"白鹭之地"。学者们大多认为这个地方并不存在，仅仅是晚期的构建和附会。事实上，阿兹特克帝国最初的人群，即居住在特诺奇蒂特兰的人习惯称自己为墨西卡人，这也是今天墨西哥这个国家名字的由来。

图11 《门多萨抄本》中描绘的墨西卡人和特诺奇蒂特兰

墨西哥盆地的后古典时代早、中期是一个群雄逐鹿的时期，在墨西卡人建立特诺奇蒂特兰并称霸盆地之前，这里分布着众多大大小小的城邦，如库尔瓦坎（Culhuacan）、阿斯卡波察尔科（Azcapotzalco）、特拉科潘（Tlacopan）、特斯科科（Texcoco）等，试图用寥寥数语描述清楚这个纵横捭阖、英雄辈出的年代是徒劳的，我们只能简洁介绍墨西卡人白手起家的传奇。

当墨西卡人来到墨西哥盆地时，可耕种的土地已被瓜分殆尽，他们只能试图在查普尔特佩克山（Chapultepec）上建立自己的社区。墨西卡人非常热衷于用人牲祭祀，这被其他城邦视作一种威胁。相传一个名为科皮尔的墨西卡人由于被族人排挤，背叛并出卖了族群的位置，于是墨西卡人杀了他并将他的心脏扔到特斯科科湖西部的沼泽浅滩上。后来他们发现科皮尔的心脏已经发芽，那个地方的一块石头上长出一株仙人掌，上面站着一只口中衔蛇的老鹰——即墨西哥国旗的中心图案，而这里最终也将成为特诺奇蒂特兰/墨西哥城的中心。再后来，墨西卡人投靠了库尔瓦坎并达成协议，但热衷于祭祀的他们将库尔瓦坎国王的女儿杀掉献祭，这激怒了庇护者，墨西卡人遭到驱逐并再次踏上迁徙之路。特帕内卡人决定利用他们作雇佣兵，并将他们安置于特斯科科湖西部沼泽中的岛屿上，这里正是科皮尔心脏生根的地方。在大约公元1325年，特诺奇蒂特兰正式建立起来。

15世纪20年代，在为特帕内卡人服务若干年后，墨西卡人（特诺奇蒂特兰）联合特斯科科和特拉科潘（也是特帕内卡城邦）组成"三国同盟"，共同反对阿斯卡波察尔科（特帕内卡人最大的城邦）的暴政，结果是"三国同盟"攻入阿斯卡波察尔科，俘获了躲在汗蒸浴室的国王，接管了特帕内卡人的贡赋系统并将其不断扩展，造就了阿兹特克帝国的繁盛。所以，我们今天讨论的阿兹特克帝国，实际上是一个由三个结盟的大城邦主导的统治体系，通过政治联姻和军事征服，"三国同盟"控制了墨西哥盆地及周边地区的若干城邦，后者定期向帝国纳贡。

"三国同盟"的国王地位均高于其他城邦的首领（特拉托阿尼/Tlatoani，意为演讲者），称号为韦特拉托阿尼（Huetlatoani），学者们习惯称之为皇帝。但三个城邦地位并不平等，特拉科潘实力最弱，另外两者实力相当。由于特诺奇蒂特兰历任统治者非常注重军事实力的提升，所以远征所得的战利品首先得风风光光地送到特诺奇蒂特兰，然后再分配给另外两位盟友，可怜的特拉科潘只能得到小部分贡赋。所以，当我们看到一些书籍不断描述特诺奇蒂特兰的宏伟和蒙特苏马等皇帝的沉浮时，可能会产生一种错觉：阿兹特克帝国仅是指特诺奇蒂特兰和它的伟大统治者们，实际并非如此。我们不能以传统帝国的政治体制来理解阿兹特克帝国，这也是许多学者认为美索美洲从未有过真正帝国的原因。当然，国家的维持需要大大小小的城主和官僚，阿兹特克的社会阶层非常分明且等级差异显著。特诺奇蒂特兰[1]是一座宏伟的都城，它建设于特斯科科湖中小岛，与周边陆地有堤道相连。整座城市分两部分，特诺奇蒂特兰和特拉特洛尔科，总面积为 12 万—15 万平方千米，人口约 5 万人。城市周围是散布在奇朗帕（Chinampa，类似圩田）上的聚落，附近陆地上则挤满了小型城邦和农村。特诺奇蒂特兰是阿兹特克社会最富有人群的家园，到处是宫殿和别墅以及市场。城市最重要的地方无疑是位于中央仪式区的大神庙，它前后经历了六次改建，最终边长约 80 米，高 30.7 米。表面以切割石装饰，正面台阶有 113 级，上部有双神庙，分别供奉风暴神特拉洛克和战神维齐洛波奇特利（Huitzilopochtli）。每次改建都要在建筑内部埋藏奢侈品，并献上最珍贵的祭品——活人，据说第六次改建时使用了数万名人牲，这一宏大而血腥的场面得到许多客人的见证。阿兹特克人还热衷于建造园林作为统治者离宫休闲之处，里面住所、会议室、神庙、浴室一应俱全，各种珍稀动植物令人眼花缭乱。以至当西班牙人攻占蒙特苏马在瓦斯特佩克的皇家园林时，士兵不禁感叹这是"我这一生中见过最好的花园"。

---

[1]　关于特诺奇蒂特兰的地图详见［美］弗朗西斯·伯丹：《"世界"之战：墨西哥的阿兹特克往事》，曹磊译，中国社会科学出版社 2023 年版，第 22 页。

可惜，"美玉终有碎时"[1]，就在蒙特苏马二世登基那年（1502年），令人不安的预兆抵达墨西哥，有消息说外来者已经在加勒比海岛屿上落脚。1519年的复活节周，科尔特斯率领西班牙远征军在今天的韦拉克鲁斯附近登陆，所到之处恩威并施，迅速征服了阿兹特克帝国的几个附属城邦。最为关键的是，他们纠集了对阿兹特克有强烈敌对情绪的特拉斯卡拉作为盟友，事实证明后者起到了至关重要的作用。

西班牙人日益逼近特诺奇蒂特兰，蒙特苏马二世优柔寡断，且试图"以德服人"。他在城外亲自接见科尔特斯，并安排后者入住其父皇留下的豪华宫殿——阿哈亚卡特尔之宫。科尔特斯堪称心理控制大师，以奉承、恐吓和欺骗手段将蒙特苏马二世软禁在皇宫之内，让后者又惧怕又依赖。但西班牙人和阿兹特克人的冲突愈演愈烈，在祭拜维齐洛波奇特利的重要节日——托斯卡特尔节（Toxcatl）上，西班牙人禁止使用人祭并封锁了仪式区，屠杀了数百名阿兹特克领主，他们都是政府和军队的首脑。阿兹特克人愤怒了！大小城主和贵族已经不再尊崇他们的皇帝，并且有迹象表明他们推举了新主。他们将西班牙人围困在阿哈亚卡特尔之宫内，蒙特苏马二世登上屋顶试图安抚民众，但被飞石击中，旋即丧命。食物日渐

---

[1] 特斯科科国王内萨瓦尔科约特尔所作挽歌中的名句。

图 12　阿兹特克皇帝蒙特苏马二世

匮乏，1520年7月1日夜晚，科尔特斯开始撤离。但他们的行动被发现了，战鼓敲响，战船布满湖面，堤道也被破坏，数百人被杀，这一晚成为西班牙人的"悲伤之夜"。

科尔特斯和残部仓皇逃亡特拉斯卡拉（Tlaxcala），不久卷土重来，准备采取从湖上围困特诺奇蒂特兰的策略。此时，天花开始横扫墨西哥盆地，阿兹特克人口骤降，甚至包括皇帝奎特拉瓦克（Cuitláhuac）也感染去世，特诺奇蒂特兰人推举夸乌特莫克（Cuauhtmoc）为新的君主。科尔特斯适时利用灾难策反了不少城邦，甚至包括"三国同盟"之一的特斯科科。1521年，在一万多名特拉斯卡拉搬运工的努力下，修建战船所需的零件和后勤补给被源源不断地送到特斯科科。随后科尔特斯率领一万名西班牙士兵和数万名本地联军，开始向特诺奇蒂特兰进攻。墨西卡人没想到战争来得如此之快，在他们的观念中，夏季是农业季，冬季才是战争季；他们向周围城邦求助，但过去傲慢的形象让他们几乎没有得到支持。尽管如此，墨西卡人依然顽强，白天保卫城市，晚上修筑工事；疏通被填埋的河道；饮水被污染，他们只能以杂草为食。1521年8月13日，伟大的特诺奇蒂特兰最终陷落，夸乌特莫克被俘，阿兹特克帝国灭亡。

图 13　西班牙殖民者进攻特诺奇蒂特兰

虽然殖民者对帝国的政治、经济、宗教和艺术遗产进行了无情的破坏,但其若干文化因素仍然顽强地流传下来,今天仍有大量的墨西哥人自称是阿兹特克人的后裔。而在全世界范围内,阿兹特克文化也大量出现在书籍、影视、电子游戏中,为创意设计和时尚潮流不断贡献灵感,激发起现代人群的无数想象。

篇幅所限,对于整个美索美洲的文化史,我们只能点到为止,在接下来的章节中,我们将重点介绍科潘的考古发掘和相关发现。

参考文献

1. 张光直，1986，《考古学专题六讲》，文物出版社。
2. 张光直，1989，《中国古代文明的环太平洋的底层》，《辽海文物学刊》第 2 期。
3. Acosta, J., 1590, *Historia Natural y Moral de las Indias: En que se Tratan las Cosas Notables del Cielo y Elementos, Metales, Plantas y Animales de Ellas y los Ritos, Ceremonias, Leyes y Gobierno y Guerras de los Indios*, Seville: Juan de león.
4. Haynes, G., 2002, *The Early Settlement of North America: the Clovis Era*, Cambridge: Cambridge University Press.
5. Dillehay, T. D. and M. B. Collins, 1988, "Early Cultural Evidence from Monte Verde in Chile", *Nature*, Vol. 332, No. 6160, pp. 150-152.
6. Jenkins, D. L. et al., 2012, "Clovis Age Western Stemmed Projectile Points and Human Coprolites at the Paisley Caves", *Science*, Vol. 337, No. 6019, pp. 223-228.
7. Friesen, T. M., 2016, "Pan-Arctic Population Movements: the Early Paleo-Inuit and Thule Inuit Migrations", in *The Oxford Handbook of the Prehistoric Arctic*, New York: Oxford University Press, pp. 673-692.
8. Reich, D. et al., 2012, "Reconstructing Native American Population History", *Nature*, Vol. 488, No. 7411, pp. 370-374.
9. Rosenswig, R. M., 2015, "A Mosaic of Adaptation: The Archaeological record for Mesoamerica's Archaic Period", *Journal of Archaeological Research*, No. 23, pp. 115-162.
10. Callen, E. O., 1965, "Food Habits of Some Pre-Columbian Mexican Indians", *Economic Botany*, Vol. 19, No. 4, pp. 335-343.
11. Love, M. W., 1991, "Style and Social Complexity in Formative Mesoamerica", *The Formation of Complex Society in Southeastern Mesoamer-*

ica, Boca Raton: CRC Press, pp. 47-76.

12. Reese-Taylor, K., 2016, "The First Settlers on Chetumal Bay", in Walker, D. S., eds. Boca Raton: CRC Press, *Perspectives on the Ancient Maya of Chetumal Bay*, pp. 33-55.

13. Ebert, C. E., 2024, "The Formative Period in Mesoamerica", in Nikita, E. and Rehren, T., eds. *Encyclopedia of Archaeology (Second Edition)*, Amsterdam: Academic Press, pp. 313-326.

14. Lesure, R. G. and Blake, M., 2002, "Interpretive Challenges in the Study of Early Complexity: Economy, Ritual, and Architecture at Paso de la Amada, Mexico", *Journal of Anthropological Archaeology*, Vol. 21, No. 1, pp. 1-24.

15. Flannery, K. V. and Marcus, J., 2005, *Excavation at San José Mogote 1: The Household Archaeology*, Ann Arbor: University of Michigan Museum of Anthropological Archaeology.

16. Flannery, K. V. and Marcus, J., 1976, "Evolution of the public building in Formative Oaxaca", in Cleland, C. E., eds. *Cultural Change and Continuity: Essays in Honor of James Bennett Griffin*, New York: Academic Press, pp. 205-221.

17. Flannery, K. V. and Marcus, J., eds., 1983, *The Cloud People: Divergent Evolution of the Zapotec and Mixtec Civilization*, New York: Academic Press, pp. 53-64.

18. Pool, C., 2007, *Olmec Archaeology and Early Mesoamerica*, Cambridge: Cambridge University Press.

19. Coe, M. D., Diehl, R. A. and Stuiver, M., 1967, "Olmec Civilization, Veracruz, Mexico: Dating of the San Lorenzo Phase", *Science*, Vol. 155, No. 3768, pp. 1399-1401.

20. Rust, W. F. and Sharer, R. J., 1988, "Olmec Settlement Data from La venta, Tabasco, Mexico", *Science*, Vol. 242, No. 4875, pp. 102-

104.

21. Joyce, A. A., 2000, "The Founding of Monte Albán: Sacred Propositions and Social Practices", in Dobres, M. and Robb, J., eds. *Agency in Archaeology*, New York: Routledge, pp. 71-91.

22. Sanders, W. T., 1974, "Chiefdom to State: Political Evolution at Kaminaljuyú, Guatemala", in Moore, G. B., eds. *Supplement to the Bulletin of the American School of Oriental Research*, No. 20, Cambridge: American School of Oriental Research, pp. 97-113.

23. Šprajc, I., Morales-Aguilar, C. and Hansen, R. D., 2009, "Early Maya Astronomy and Urban Planning at El Mirador, Peten, Guatemala", *Anthropological Notebooks*, Vol. 15, No. 3, pp. 79-101.

24. Cowgill, G. L., 2015, *Ancient Teotihuacan*, London: Cambridge University Press.

25. Sahagún, B., 2012, *General History of the Things of New Spain (Códice Florentino) Vol. 1*, trans. Anderson, A. J. O. and Dibble, C. E., Utah: University of Utah Press.

26. Heyden, D., 1975, "An Interpretation of the Cave underneath the Pyramid of the Sun at Teotihuacan, Mexico", *American Antiquity*, Vol. 40, No. 2, pp. 131-147.

27. 李新伟, 2016,《特奥蒂瓦坎羽蛇神金字塔地下隧道的新发现》,《光明日报》2016年4月16日第11版。

28. 李新伟, 2021,《中美地区早期城市的神圣空间构建》,《光明日报》2021年1月4日第14版。

29. Miller, M. E. and Taube, K., 1991, *The Gods and Symbols of Ancient Mexico and the Maya*, London: Thames & Hudson.

30. 塞尔希奥·戈麦斯·查韦斯, 2017,《墨西哥特奥蒂瓦坎羽蛇神庙地下隧道的调查》,《第二届世界考古论坛会志》, 中国社会科学出版社, 第38—49页。

31. Sugiyama, S., 2005, *Human Sacrifice, Militarism, and Rulership: Materialization of State Ideology at the Feathered Serpent Pyramid, Teotihuacan*, London: Cambridge University Press.
32. Siebe, C., 2000, "Age and Archaeological Implications of Xitle Volcano, Southwestern Basin of Mexico City", *Journal of Volcanology and Geothermal Research*, No. 104, pp. 45-64.
33. Evens, S. T., 2013, *Ancient Mexico and Central America: Archaeology and Cultural History*, London: Thames & Hudson.
34. Faugère, B., Pierce, D. and Cabadas-Báez, H., 2019, "Teotihuacan Neighborhoods' Expansion in Northwestern Mexico. Cultural Implications and Social Processes from Ceramic Analysis of El Mezquital-Los Azules, Guanajuato", *Journal of Anthropological Archaeology*, No. 56, pp. 101—116.
35. Stuart, D., 2000, "'The Arrival of Strangers': Teotihuacan and Tollan in Classic Maya History", in Carrasco, D., Jones, L. and Sessions, S., eds. *Mesoamerica's Classic Heritage: From Teotihuacan to the Aztecs*, Niwot: Colorado University Press, pp. 465-513.
36. Haviland, W. A., 1970, "Tikal, Guatemala and Mesoamerican Urbanism", *World Archaeology*, Vol. 2, No. 2, pp. 186-198.
37. Black, S. L., 1990, "The Carnegie Uaxactun Project and the Development of Maya Archaeology", *Ancient Mesoamerica*, Vol. 1, No. 2, pp. 257-276.
38. Stuart, D. and George, E. S., 2008, *Palenque: Eternal City of the Maya*, London: Thames & Hudson.
39. Tate, C. E., 1991, *Yaxchilan: The Design of a Maya Ceremonial city*, Austin: University of Texas Press.
40. Folan, W. J. et al., 2015, "Calakmul: Power, Perseverance, and Persistence", in Cucina, A., eds. *Archaeology and Bioarchaeology of*

Population Movement among the Prehispanic Maya, New York: Springer, pp. 37-50.

41. Webster, D., 1999, "The Archaeology of Copan, Honduras", *Journal of Archaeological Research*, No. 7, pp. 1-53.

42. Diehl, R. A., 1983, *Tula: the Toltec Capital of Ancient Mexico*, London: Thames & Hudson.

43. Townsend, R. F., 2009, *The Aztecs*, London: Thames & Hudson.

第三章 考古视野下的科潘

（一）"十八兔"大街的来历

如前文所言，科潘镇应该叫作"科潘墟"镇，如同中国的"殷墟"一样，这个名字本身就流露出浓厚的考古气息。事实上，小镇确实随处可见考古和玛雅元素。在城镇中央有一座方形的广场——中心公园，由著名考古学家塔季扬娜·普罗斯科里亚科夫（Tatiana Proskouriakoff）亲自设计。广场中心为一喷泉，水从四条羽蛇口中喷出；喷泉西侧设立一方向柱，上刻若干描述方位的玛雅文字。广场北侧紧邻街道修建一弧形长廊，正对的南侧为一平台，经常用于举办一些公共活动。平台后面建有一道长墙，墙上有若干门洞，与玛雅建筑的典型房门形态相同。西侧修建有玛雅考古地区博物馆，里面收藏了科潘历年发掘的部分遗物，包括一座疑似第八王的墓葬。北侧为新建的科潘数字博物馆。这些建筑和相关装饰无时无刻不在提醒人们，这座小镇与考古、玛雅的密切关系。

以广场为基点，科潘镇向四面八方铺展，周围的街道命名同样别具玛雅特色。比如紧邻广场北侧的一条东西向街道被命名为Calle 18 Conejo，翻译为中文即"十八兔"大街。不熟悉玛雅科潘王朝历史的人或许会不明就里，甚至以为这条街道与兔子有某种联系。实际上，"十八兔"是科潘第十三王的昵称，他为什么叫这个名字也是

图 14　玛雅考古地区博物馆（刘建安　摄）

图 15　科潘数字博物馆（刘建安　摄）

有故事的。科潘第十三王全名为Uaxaclajuun Ub'aah K'awiil，意为"卡威尔的18种法相"，卡威尔是玛雅世界的闪电神，也是王权的象征，这一名字可能暗示了第十三王具有大萨满般强大的变形法力。其名字的象形文字，最后一个字符头顶喷出火焰的长鼻神灵就是卡威尔；前面字符的左半部分由3个点（点表示数字1）和3个竖条（竖条表示数字5）构成，即玛雅数字18；右半部分的中间有一只形似兔子的动物头像。这就是第十三王的昵称——"十八兔"的由来。当然，我们今天知道，这只动物并非兔子，而是囊地鼠，后者也是玛雅神话中协助英雄双兄弟在球赛中战胜冥王的神奇动物。此外，还有诸如卫城街（Calle Acropolis）、书写者街（Calle El Escribano）和罗莎莉拉大道（Avenida Rosalila）等，均与科潘遗址和相关考古发现密切相关。

除了街道以外，许多酒店、餐馆甚至民居都是玛雅元素的集大成者。有两个地方最为知名，一处是名为"茶和巧克力屋"（The Tea & Chocolate Place / El Lugar del Té & Chocolate）的休闲小店；另一处则是圣卢卡斯庄园（Hacienda San Lucas）。"茶和巧克力屋"是以可可及其产品——巧克力为主题的商店，位于科潘镇西部的一处小山之上。店主为曾经在科潘工作过的考古学家的养女，从小耳濡目染，对于考古和玛雅文化也颇有兴趣。她在院子中种植了许多热带植物，其中最为引人注目的就是可可树。为了让游客能了解可可的生长、成熟、收获、加工和饮用等流程，以及玛雅人相关的可可文化，她收集了大量的有关可可加工和饮用的器具，并根据一些玛雅壁画、彩陶和考古成果，尝试着复原玛雅贵族饮用可可的方式。最具特色的是在可可热饮中加入辣椒粉或蜂蜜，令味蕾感受到酸、甜、苦、辣的刺激带来的激情碰撞和切换。位于科潘河对面的圣卢卡斯庄园则保留了有关科潘最早的考古发掘的历史影像。庄园位于半山腰，风景优美，站在此处可俯瞰河对面的遗址公园。第一任庄园主对于考古非常热爱，曾经资助过科潘最早的科学发掘工作。如今，他已仙逝，但墙上发黄的老照片和橱窗中当时采集的遗物，仍然在向游客述说着主人过去的考古岁月。他女儿接下了这一产业并勉力经营，在保留考古元素的同时，也兼顾了近现代的土著风情。

小镇中央的公园是科潘的地标，但其西侧的市场才是普通民众日常生活的中心。秉承美索美洲的历史传统，市场并不是简单意义上的货品买卖场所，这里更像是一个社交中心。市场分上、下两层，下层大部分是菜市场，出售猪肉、牛肉、蔬菜、水果、香料及各种其他食物；上层则主要是售卖日用品，包括衣服鞋袜、五金工具、家具清洁工具等都可以在这里找到。市场有固定的营业时间，大约从早上8点至下午4点。一些商人在8点以前就将货物（往往是大宗的）运到市场门口等待开市。开市以后，人群大量涌入，许多从偏远山区来贩卖货物的小贩或许来不及果腹,这时就可以在市场的早餐铺内享受一碗热气腾腾的玉米粥。玉米粥以发酵的玉米粉加水熬煮而成,里面添加牛奶、糖和肉桂,烧开后为了不粘锅还需不断搅拌,直至玉米粥变得黏稠即可。将玉米粥盛出,撒上肉桂粉和南瓜子末,趁热喝下,那种酸酸甜甜的口感令人食欲大增,暖热的感觉从口腔直达胃部及全身,令人毛孔舒张,微微出汗,可以一扫疲惫。除此以外,一些劳动者还会搭配刚出烤炉略带焦香的玉米饼(Tortilla),配上腌制的甜菜,补充一天的能量。除了市场内部的摊位外,市场外侧也聚集了许许多多的小贩,他们可能无法在市场内占据一个较好的位置,但其售卖的商品同样五花八门。其中,许多家庭妇女用大号的塑料盆装盛着自己亲手制作的玉米饼,每天都在市场附近叫卖,有的怀中还抱着几个月大的婴儿,生活颇为清苦。

拉丁美洲很多国家的治安条件堪忧,洪都拉斯也不例外。特别是诸如圣佩德罗苏拉这样的大城市,即使是白天活动,也要注意安全,千万不可独自前往一些危险区域。我们每次去圣佩德罗苏拉采购发掘材料和物资都尽量要求一个当地工作者同行。在圣佩德罗苏拉的街头,几乎所有的商业场所门口都站立了两个及以上的保安,他们手持步枪,神情严肃,即使一个毫无起眼的小餐馆也是如此。我们曾经在圣佩德罗苏拉的街头找到过一家中餐馆,老板来自广东，年轻时就来到洪都拉斯谋生。他坦言，在洪都拉斯生意并不好做。我们点了两份炒面和一份西蓝花炒牛肉，分量很足，三人竟没有吃完，奇怪的是，味道与我在美国许多中餐馆吃到的一致，令人百思不得其解。出门时我与一个持枪的守卫打招呼，他冲我一笑，并挥手再见。

科潘镇的治安则要好得多，可能是因为人口相对较少，且属于旅游名镇，经济相对发达。除了银行和博物馆等重要场所外，其他商店、饭馆等并没有荷枪实弹的警卫。尽管能经常看到一些宿醉的流浪汉，但晚上甚至可以单独在小镇里散步。不过这并不意味着科潘没有危险。就在我们抵达这里的第二天晚上，我在迷迷糊糊中听到了两声枪响，惊醒后第一反应是"黑帮火并，枪战啦"。结果第二天早上得知，是有人偷牛被杀。还有一例恶性凶杀案也令人发指。9月15日是洪都拉斯的国庆节，这一天科潘镇上会举行盛大的游行庆祝活动。一般是由附近的中小学校组成队伍，盛装打扮，以乐器演奏歌曲或旋律。因科潘地处三国交界处，许多危地马拉的村落居民也把孩子送到科潘来上学。在国庆节庆祝活动的前一天，所有队伍会进行彩排，以期在正式典礼上达到完美的效果。不幸的是，悲剧就此发生，在彩排当天的晚上，一名参加活动的女中学生被一个边境警察跟踪，并惨遭强奸杀害，她母亲也未能幸免。第二天的正式活动中，她所在学校的队伍举起她的照片行进，围观群众也纷纷哀悼。

现实的苦难自然需要宗教的"拯救"。小镇上教堂的数量众多，在中心公园的东侧即是最大的天主教堂，其历史相当悠久，每逢重要的宗教节日，这里总是人山人海。据统计，洪都拉斯不下90%的人口是基督教徒，不过，人们苦于烦琐的仪式程序，信奉天主教的越来越少，信仰新教特别是福音派的则越来越多。当然，近年也有许多年轻人不再信奉宗教。我们考古队租住的房子对面即是一间教堂，每逢周三和周末，大量教徒聚集，一系列仪式活动后往往会以欢快甚至略带摇滚味道的合唱结束，或许也是为了吸引年轻人。教堂的人都比较和善，我们偶尔散步路过，便驻足观看，工作人员会热情引导我们入内，当然也并无任何强迫参加各种仪式的举动。美索美洲的人群就像天生的老友一般，热情、开放、真实，这大概是我对他们最深的印象。除了基督教外，一些土著可能还信奉玛雅的传统宗教，不过在科潘这个著名的旅游小镇，这样的现象比较少见。但据说，当地仍然有土著萨满存在，号称可以沟通天地、祖先，为人祛邪、治病。

西班牙殖民者对玛雅原住民的文化破坏相当彻底，即使今天生活在诸如科潘遗址这样伟大古都附近的玛雅后裔，对于自己祖先的历史也所知不多。他们被迫遗忘祖先的语言和文字，学习西班牙语并皈依基督教，并且这个长期的过程往往伴随着痛苦的经济剥

图16　科潘镇广场上载歌载舞的人群（刘建安　摄）

削——殖民者强占了河谷的良田，把原住民驱赶到贫瘠的山区。甚至，随着咖啡种植在美索美洲的兴起，许多种植园或公司也开始染指那些山地。今天的美索美洲包括洪都拉斯在内，仍然有一些无人到访的热带雨林，但随着工农业生产特别是咖啡种植和牲畜饲养行业的扩张，许多森林正在消失。具有讽刺意味的是，对于这些山地和雨林的开发或者前期勘测，却往往会发现一些失落的重要遗址，包括玛雅文明和一些其他还不为人知的土著文化。在全球性资本扩张的背景下，如何保护这些重要的古代遗址和原住民的文化是一项不容小觑的挑战，对于经济普遍比较落后的美索美洲国家来说更是如此。即使是像科潘遗址这样的世界文化遗产，其保护措施也相当简陋，其经费来源大多是国内外学术机构和商业公司的资助，或爱好者的个人捐赠。而其他一些不那么有名气的遗址，所受到的待遇就可谓云泥之别了。距离科潘遗址不远的基里瓜（Quirigua）也是古典玛雅的重要遗址，它因地处牟塔瓜河流域而控制了玛雅世界最重要的资源——翡翠。早期的基里瓜处于科潘王朝的控制之下，后奋起反抗并在战场上杀掉了科潘第十三王，一举成为玛雅世界东南部的核心城邦。[1] 基里瓜的纪念碑大多以红色砂岩雕刻而成，因其岩石性质特殊，石碑往往特别高大，极具特色。然而，对这些纪念碑的保护却仅仅以茅草搭建保护棚，许多草棚还年久失修几乎不存，令人唏嘘。面对这些复杂的现实问题，考古学家大多时候也是束手无策，只能尽可能申请经费对已发掘修复的遗迹或暴露的重要纪念碑等进行保护，或者对遗存做详细的记录做好学术研究回馈社会而已。

（二）百年科潘考古史

严格说，整个科潘谷地都是遗址的分布范围，我们将其称作"科潘遗址群"更为合适。可以想象，在科潘王朝鼎盛时期，这里有宏伟的城市、郊区的茅草屋、谷地内种植的大片玉米和豆类、山区热火朝天的采石工厂、科潘河上往来的木筏和船只等，实在是一派欣欣向荣的景象。这一切在公元822年前后戛然而止，直到近千年后才重新为世人所知。

1576年，西班牙探险者迭戈·加拉西亚·德·帕拉西奥（Diego Garacia de Palacio）为了寻找折叠书[1]，踏上了科潘的土地。根据当地土著的称呼，他第一次将遗址的名字记录为"科潘"，但他并未记载这个名字的含义。在后来递交给西班牙国王菲利普二世的报告中，他对科潘遗址进行了简要的描述。[2] 1834年，西班牙官员胡安·加林多（Juan Galindo）上校再一次造访了科潘，与帕拉西奥的短暂停留不同，加林多上校在科潘待了数月。他对科潘的建筑、雕刻和铭文做了笔记，并绘制了平面图、素描和渲染图。他还第一次对科潘卫城进行了有记录的发掘，在10L-19建筑[2]下方发现了一座券顶石室墓。[3]

1839年，美国外交官和探险家约翰·劳埃德·斯蒂芬斯（John Lloyd Stephens）和英国画家弗雷德里克·卡瑟伍德（Fredrick Catherwood）再一次进入并详细考察了科潘遗址。他们雇用了当地的向导，经过艰难跋涉，终于到达了科潘谷地，并在科潘河的沿岸找到

---

[1] 折叠书，一般以无花果树皮纸缝制而成，折叠形态类似手风琴，也可整体展开。主要记载内容为玛雅文明的宇宙观、神话故事和宗教仪式。
[2] 位于今天通往遗址公园的道路两侧，10L-19是戈登·R. 威利等人进行的考古调查所命名的编号，10L指调查区，19指该区域内的第19组建筑群。

图 17　斯蒂芬斯书内的科潘 D 号纪念碑插图

了被水流破坏的遗址。斯蒂芬斯后来在回忆录和游记中写道："我突然闯入了一片新的土地……它横亘在我们面前，犹如一艘在汪洋大海中被波涛击碎的三桅船；桅杆不见了，船名消失了，船员葬身海底，没人能说出它从哪里来，船主是谁，已经漂泊了多久，为什么遇难；消失的船员是谁，或许只能根据与此船相似的船只来推测，或许永远也无法准确认定。"尽管科潘遗址大部分被热带雨林所吞没，但他们还是发现了大量建筑残件和精美的石雕。斯蒂芬斯意识到该处遗址的重要性，从土地法定所有人手里花了50美元买下了科潘遗址长达3年的使用权。在花了几个星期清理完从神庙台阶掉落的残骸之后，卡瑟伍德仔细地绘制了几十幅画。1841年，这本包含了精美插图的考察游记出版，科潘遗址遂成公众和学界关注的焦点。[4]

1885年，学者阿尔弗雷德·珀西瓦尔·莫斯莱（Alfred Percival Maudslay）对遗址卫城进行了测绘，并在卫城顶部清理了部分建筑，包括10L-16号、10L-22号和10L-20号建筑等，其中10L-20号建筑不久即被科潘河冲毁。此外，在当地向导的帮助下，莫斯莱雇用了大量的工人帮助清理遗址上的树木和杂草，并收集一些散布地面的遗物。他采用干板摄影技术，留下了大量珍贵的高清照片，并且雇用了一位意大利专家为他制作雕刻和铭文的拓片。这些照片和拓片在很长一段时间内都是研究玛雅和玛雅文字的参考资料，至今仍有很高的价值。[5]

1891年，哈佛大学皮博迪博物馆（Peabody Museum）与洪都拉斯政府签署长达10年的协议，开始对遗址进行正式、科学的考古发掘。他们接着莫斯莱的工作继续在卫城顶部进行发掘，清理了10L-4号、10L-26号（包括文字台阶）、10L-32号、10L-41号、10L-36号、10L-21a号和10L-21号建筑，遗憾的是，后两座建筑的大部分最终还是被河流侵蚀毁坏。此外，项目还绘制了第一份科潘遗址的地图（尽管并不完整），并在山谷的洞穴中发现了古代墓葬。[6]这一考古项目最重要的成果是对26号金字塔象形文字台阶的揭露。[7]其实，早年的莫斯莱已经发现了这座重要的建筑，但他没有进行清理。皮博迪博物馆对其的调查和发掘由当时的负责人——约翰·G. 欧文斯（John G. Owens）发起，但他可能因为身患登革热不幸于1893年2月17日逝世。后续的工作由乔治·B. 戈登（George B. Gordon）在1895年完成，他主持了皮博迪博物馆第四次考察，并撰写了专著《科潘墟的象形文字台阶》。在书中，他对文字台阶中发现的玛雅日期进行了破译，试图建立起科潘王朝的年代序列。哈佛大学一位名为赫伯特·J. 斯平登（Herbert J. Spinden）的研究生则从另一个角度讨论和修正了这个问题。其学位论文的部分研究是观察纪念碑的样式变化，以此作为一项附加的独立依据，来验证通过玛雅象形文字判定纪念碑年代的有效性。象形文字本身极易被侵蚀且含义模棱两可,比如斯平登认为,以往对 D 号纪念碑上长历日期的解读,可能比真实时间晚了近 200 年。

进入 20 世纪,美国华盛顿卡内基研究所(Carnegie Institution)开始对玛雅考古学和民族学研究进行持续的巨大支持,科潘考古也迎来"卡内基时代"。这要归功于玛雅考古学家、探险家和铭文学家——西尔韦纳斯·格里斯沃德·莫利(Sylvanus Griswold Morley)充沛的精力和卓越的演讲才能。1910—1919 年,莫利前后七次对科潘遗址进行了考察,虽然历时仅约两个半月,但他却以科潘的调查资料完成了长达 644 页的鸿篇巨著《科潘铭文》[8],为未来的玛雅象形文字研究工作奠定了基础。

1935 年,卡内基研究所联合洪都拉斯政府开始了一项对王宫区持续的调查和修复项目。今天我们看到的许多建筑和纪念碑都是在这个时期修复的,包括 A 号大球场、11 号神庙、22 号神庙、象形文字台阶(26 号神庙)和大广场上的纪念碑。并且,在卡内基研究所的资助下,项目主持人古斯塔夫·斯特罗姆维奇(Gustav Stromsvik)还做了一件功在千秋的事情。此前,因管理不善,科潘河经常泛滥且改道,河流冲击并毁坏了部分遗址,如同巨斧将"卫城"劈去一部分。斯特罗姆维奇用卵石修复了坍塌的"卫城"侧面,将科潘河改道,并在两侧加筑了堤坝防止河流再次泛滥破坏遗址。此外,他还主持修建了位于中心公园西侧的科潘博物馆,里面有不少精美藏品，至今仍有游客和本地民众频繁造访。

卡内基研究所还资助了塔季扬娜·普罗斯科里亚科夫的研究，其中最引人注目的是她为科潘王宫区绘制的平面图，以及其他重要建筑和雕刻的绘图。她拥有卓越的绘画天赋，其作品在强调绘图尺寸准确的同时还兼顾了艺术性，赢得了业内人士的一致称赞。约翰·郎伊尔三世（John Longyear Ⅲ）同样得到卡内基研究所的资助，对科潘谷地出土的陶器进行了细致的研究，随后出版的专著《科潘陶器》基本建立起谷地的年代框架。杰苏斯·努内斯·钦奇拉（Jesús Núñez Chinchilla）是科潘本地人，受卡内基研究所资助从事科潘的考古研究，并最终担任首任洪都拉斯人类学与历史研究所（Instituto Hondureño de Antropología e Historia，INHA）所长。

到20世纪70年代，科潘考古迎来一个最关键的发展时期。受到时任洪都拉斯人类学与历史研究所所长胡安·阿德安·奎瓦（也是一名科潘本地人）的邀请，哈佛大学的戈登·R.威利（Gordon R. Willey）教授前往科潘，设计一个由洪都拉斯政府出资的长久的研究和修复计划。威利成名于秘鲁的维鲁河谷，是聚落考古研究的开创者。他首先对科潘河谷内的王宫区进行了考古调查，包括科潘谷地上游低地的四个小区域；接着，他受美国国家科学基金会和鲍迪奇基金会的资助，着手进行了新的项目，即对整个河谷的发掘和制图，展现出明显的宏观视野。威利将核心区以外的遗址分为四级，清晰描述了聚落等级分化情况，这一结论至今仍为考古学家所认同。他还引入多学科综合研究，极大拓展了科潘考古视野和内容。尽管后来因为各种原因，威利被迫停止工作，但其倡导的聚落考古理念、绘图法、陶器类型学和居住院落的水平揭露法，都成为科潘河谷考古继续研究的基础。

1977年，洪都拉斯政府支持的"科潘考古项目"（Proyecto Arqueologico Copán，PAC）正式实施。第一阶段工作由法国国家科学研究中心（Centre national de la recherche scientifique）的克劳德·F.鲍兹（Claude F. Baudez）主持，第二阶段主持者则换成了来自宾夕法尼亚大学的美国考古学家——威廉·T.桑德斯（William T. Sanders）。后者同样服膺威利的理论，并将调查范围扩展到了科潘周围地区，覆盖面积达到135平方千米，对聚落形态演变和土地利用等问题进行了整体分析。他还主持了一些对贵族居址的发掘，验证了一系列关于科潘城内的经济组织和社会等级的假说。除此以外，桑德斯及其合作者还非常重视科技考古方面的研究，包括通过人骨遗骸分析古代人口、营养和疾病；通过孢粉分析重建植被和农业历史的研究；探讨工程建设中劳力的投入；土壤和土壤用途的研究；以及磨制石器的生产和功能研究等课题都逐渐开展起来，这些研究使得科潘考古在玛雅遗址的研究中脱颖而出，成为美索美洲遗址考古的典范。

桑德斯的田野工作衍生出另一项重要的考古计划——"科潘马

赛克项目"（Copan Mosaics Project）。顾名思义，科潘的石雕与其他许多玛雅遗址不同，它们并非整石雕刻，而多是由一块一块的小石雕拼合而成，整个图案就是一幅马赛克（镶嵌画）。项目的目标是记录、拼接、分析、复原、解释和保护那些成千上万的碎石块，它们因建筑倒塌大多散落在地表，或被人为搬动甚至盗走。该项目自1985年启动，由哈佛大学威廉·费什和芭芭拉·费什负责，取得了相当丰硕的成果。由于这些雕刻的原始位置都是在建筑之上，所以对建筑的科学、精准复原同样重要，因此，另一旨在厘清金字塔等大型民政—仪式建筑的结构和修建顺序的项目——"科潘卫城考古项目"（Copan Acropolis Archaeological Project）就显得尤其紧迫。后一个项目同样由威廉·费什主导，并将"科潘马赛克项目"合并其中，至今仍在进行。[10]

科潘考古迄今已逾百年，除了一直在此工作的美国机构和考古学家外，包括中国、日本、危地马拉、墨西哥等国家的考古力量都在不同时期，于这个国际舞台上大放异彩，树立了不同国家和地区、不同学科合作的典范。1980年，科潘遗址被联合国教育、科学及文化组织宣布为世界文化遗产，这一玛雅世界的瑰宝正逐渐为全世界人民所认识。

（三）科潘王朝的兴衰

公元426年9月6日（按照玛雅日历，这一天名为"5Caban 15Yaxkin"），一名身着特奥蒂瓦坎武士风格服装（最显著的特征是佩戴环形眼罩）的贵族，正在特奥蒂瓦坎古城太阳金字塔的前殿内恭敬站立，一名大祭司（也可能是特奥蒂瓦坎的国王）将手中象征权力的火炬传递到他手中。他就是科潘的建国者，名为"K'uk' Mo'"（库克·莫，意为"绿咬鹃·金刚鹦鹉"）[1]。三天后（玛雅历法日期为"8Ahau 18Yaxkin"），他离开了接受火炬的圣殿，踏上了旅途，注意，铭文显示他的名字有了变化，此时他改称为"K'inich Yax K'uk' Mo'"（齐尼奇·雅什·库克·莫，意为"伟大的太阳·第一·绿咬鹃·金刚鹦鹉"）。"K'inich"和"Yax"均是玛雅国王名字中常见的字符，可以将其视作一种"神圣"的封号，也就是说他得到了足以成为玛雅国王的资格。在长途跋涉153天后，于"5Ben 11Muan"这一天，他来到了科潘谷地，"休息他的双脚"[11]，由此建立起科潘王朝。[12]

这一历史事件被记录在Q号祭坛上。该祭坛位于科潘16号金

---

[1] 绿咬鹃和金刚鹦鹉均是玛雅文明中的神圣动物。

字塔前方，平面呈方形，桌状，有四柱形足支撑。祭坛四面雕刻了16位人物，按顺序分别是科潘的16位国王，其中朝西的正面中间的雕刻图案是第一王正将火炬传递到第十六王手中；祭坛上方雕刻了一篇象形文字铭文，其前半部分就记载了上述科潘建国史，后半部分则是叙述第十六王竖立Q号祭坛的始末。祭坛顶部铭文的内容和侧面传递火炬的情形，均表明了第十六王竖立该祭坛的真实目的，即宣传其王位继承的合法性。在另外一件文物8号纪念碑上，铭文记载了第十六王的母亲是一位来自帕伦克的女性，有学者甚至怀疑这位国王与他父亲第十五王是否真有血缘关系。故Q号祭坛和第十六王时期其他同样宣扬祖先荣耀的建筑一样，更像是一种"欲盖弥彰"。所以，很多学者对于科潘王朝的建国历史持保留态度，直到一座大墓被发现。2000年，考古学家罗伯特·J.沙雷尔（Robert J. Sharer）在16号金字塔下方的中心发现了一座名为"Hunal"的大墓，该墓为石砌券顶墓室，长2.5米、宽1.5米、高1.7米。[13]墓室中心有一石板，上面有一具男性遗骸，高约1.72米，年龄在55—70岁。遗骸周围还放置了大量随葬品，包括21件精美的陶器、数件翡翠、黄貂鱼刺、贝壳、美洲豹残骸（牙齿）以及鸟骨制成的骨管、黑曜石石器以及一些有机物残迹等。基于各方面的证据，这名墓主被考古学家认为是科潘第一王——库克·莫。我们知道，根据Q号祭坛的铭文记录，他并非科潘本地人，实际上人骨检测结果也表明他可能来自危地马拉的佩藤地区。Q号祭坛上的第一王右手持盾牌，而在"Hunal"墓葬中，墓室西南角恰好有一方形彩色有机质痕迹，考古学家认为这就是盾牌。更为神奇的是，体质人类学家发现墓主的右手小臂有应力性骨折，应当就是长时间用右手持盾抵挡重击的结果。要知道，一般来说，用右手拿盾牌的应该是左撇子，这样的细节表现，令人不禁感慨Q号祭坛的图像和铭文恐怕并不全是附会。

图18　头戴环形眼罩，手持火炬的第一王

第一王王后的墓葬同样被发现了。[14] 墓葬也被修建在 16 号神庙下方，一座名为玛格丽特的早期神庙下。[1] 该墓为南北向券顶双石室墓。南室为主墓室，内有一石板，上面放置墓主遗骸一具，高约 1.52 米，年龄为 50—60 岁，全身涂满朱砂，身着精美的翡翠等饰品；北室则放置大量随葬品，包括一件描绘特奥蒂瓦坎神庙和武士形象（实际上是库克·莫本人）的三足筒形罐，数件玉器，两面彩绘黄铁矿镜子等。人骨检测结果表明，她是科潘本地人。这不禁让人想起一种常见的政治策略：外来统治者迎娶本地土著贵族，从而顺利建立起王朝。

继承王位的第二王，我们对他的事迹并不清楚。学术界虽存争议，但一般认为，他名叫齐尼奇·波波尔·霍尔（K'inich Popol Hol），这是从一块名为"Motmot"的标志石上的图案所知。Motmot 就是翠鸰，一种生活在中、南美洲雨林中的鸟，与绿咬鹃比较相似。为什么取这个名字已经无从考证，但据考古学家威廉·费什透露，这个名字最早是当时参与发掘的工人所取。Motmot 标志石上绘制了两个人物的肖像，他们相对而坐，手中各自持一蛇形仪式棒（Serpent Bar），两列象形文字填满了他们中间的空隙。两人的名字分别隐藏在他们的头饰中，左侧的即是第一王齐尼奇·雅什·库

---

[1] 玛雅神庙建筑的风格往往是层层叠压，晚期神庙下方还有更多的早期神庙，玛格丽特神庙就是 16 号神庙下方的其中一座。

克·莫，右侧的是他的儿子齐尼奇·波波尔·霍尔。两人脚下各有一组象形文字，第一王脚下雕刻了 9 Imix，第二王脚下则是 7 Kan。学者们认为，Imix 与鳄鱼和地下世界有关，是一个神圣且神秘之地；Kan 意为"珍贵、黄色"，7 Kan 同样是玛雅神话中的圣地。这表明，两位统治者身处神圣的界域，也暗示了他们地位如同神灵一般崇高。二人中间的铭文提到，在 9.0.0.0.0（玛雅长历日期，相当于公元 435 年，具体含义见后文）这一天，第一王和第二王参加了庆祝第八个 B'ak'tun 结束的仪式[1]，这是玛雅世界非常重要的一天，我们在其他一些遗址中也看到了这一天的相关仪式活动的记录。考古学和铭文学家大卫·斯图尔特（David Stuart）认为，科潘此时是父子联合执政时期，到公元 437 年前后，第一王去世，波波尔·霍尔终于继承大统，独掌科潘王国。虽然缺乏关于其统治事迹的信息，但考古发现表明他可能是一位勤政的国王，他对王宫区进行了一系列规划和开发，奠定了王朝后代城市建设的基础。

第二王的去世时间不详，而关于后继的第三王到第六王的政治事迹，考古学家不甚了了，当然部分原因是他们的统治时间都很短暂，并未留下多少带铭文的历史遗迹。第七王名叫"Bahlam Nehn"

---

[1] B'ak'tun 为玛雅长历的一个周期，大致相当于公历中 395 年。玛雅许多仪式活动都与庆祝历法周期的结束有关，当然，一个历法周期的结束也意味着下一个周期的开始。

（玛雅语，意为"美洲豹·镜子"），于公元 524 年登基，他还有一个昵称是"睡莲美洲豹"（Waterlily Jaguar）。他在位大概 8 年，在遗址上竖立了第 15 号纪念碑。不过，他是科潘唯一一位在玛雅东南以外地区被提及的君主：在伯利兹卡拉科尔（Caracol）遗址于公元 534 年竖立的第 16 号石碑上有他的大名。关于第八王和第九王的姓名和事迹同样有争议，因为他们并未竖立纪念碑。在科潘卫城东庭（也称美洲豹广场）下方，发现过一座石室墓（Sub-jaguar Tomb），中心封墓石上方有一石盒，里面放置了大量祭品，包括两件海菊蛤、四件玉器和大量朱砂。墓主为一名中年男性，遗骸四周用 27 件海菊蛤环绕一圈，颈部戴珍珠和贝壳项链，腰部有一件大型玉坠饰和两件黑曜石圆盘，右手握一把黑曜石刀，口内含有一粒巨大的翡翠珠。墓室内散布 28 件陶器，其中 12 件为彩绘陶。该墓最早被认为是第七王的坟茔，但后来斯图尔特根据其上方建筑内的相关铭文推测，它应当是第八王的安息之所。

第十王"月亮美洲豹"（Moon Jaguar，玛雅语写作 Tzi? Bahlam Ma）的继位是在 9.5.19.3.0（公元 553 年 5 月 26 日）。在公元 564 年的 9 号纪念碑和公元 574 年的 18 号纪念碑上都有他的肖像。9 号纪念碑上提到"月亮美洲豹"的父亲是第七王"睡莲美洲豹"，那么，第八和第九王则可能是第十王的哥哥或叔叔。

接下来的三个国王在位时间都很长，第十一王名叫"Butz'

Chan"（玛雅语，意为"烟之蛇"或"烟之天"），他出生于公元563年4月，15岁时登基，公元628年1月23日逝世，在位达50年。今天位于第16号金字塔西北角的P号纪念碑就是他所立，上面雕刻着他的肖像，风格隽秀，十分精美。他最重要的功绩当数罗莎莉拉神庙的修建。罗莎莉拉神庙是洪都拉斯考古学家里卡尔多·阿古拉西亚（Ricardo Agurcia）发现的，东西宽12米、南北长18米，两层结构，屋顶有脊，是科潘已知保存最好的神庙。门道朝西，两侧有两只巨大的头朝上扬的鸟，鸟嘴中冒出大神依扎姆纳[1]的头。在大鸟之上，第一层屋檐描绘了一条横向延伸的双头蛇，蛇口大张。神庙第二层中部是一个大型神头像，两侧表现出神山（Witz）和两个蛇头，神山上有玉米，蛇身扭动向上延伸至顶部的脊梁。整个神庙可能代表了一座和依扎姆纳献祭仪式有关的神山。

在第十一王去世16天后，科潘历史上最长寿的国王登基继承王位，他就是第十二王卡克·乌提·维茨·卡威尔（K'ahk Uti' Witz' K'awiil，玛雅语，意为"火口喷水的卡威尔神"），又称Smoke Imix或Smoke Jaguar（冒烟美洲豹）。第十二王可能是科潘历史最重要或者最伟大的国王，在他长达67年的统治生涯中，科潘的疆域（或者影响范围）和势力达到了顶峰，国库可能也积累了大量财富。他去世

---

[1] Itzamna，古代玛雅文化中最初的神，也是智慧神，传说中玛雅文字的发明者。

图 19　罗莎莉拉神庙复原模型

时已 90 多岁，因经历了 5 个 Katun[1]，被尊称为"5Katun 之主"。不过，奇怪的是，在他统治的前 24 年中，他没有竖立任何纪念碑，这在热衷于歌颂国王功德的玛雅世界来说是不同寻常的；而在 9.11.0.0.0（公元 652 年）这个历法周期结束后，第十二王突然在 260 天（仪式历中的 1 年）内连续竖立了 6 座纪念碑。这似乎暗示他在初登大宝时，花费了很长时间巩固自己的统治，而当他牢牢掌握权力后，就迫不及待地在城邦内外留下自己鲜明的烙印。值得注意的是，这 6 座纪念碑（实际上一共至少竖立了 7 座）恰好分布在科潘谷

---

[1] Katun 为玛雅长历的一个周期，大致相当于公历中 20 年。

地的四周，有学者认为它们代表了科潘王朝的疆界，还有学者认为纪念碑附近存在据点，它们构成了一个防御体系。此外，在基里瓜的 L 号祭坛上，也出现了科潘第十二王的名字，斯图尔特认为科潘此时对基里瓜具有统治权。

公元 695 年 6 月 15 日，已经 90 多岁的第十二王寿终正寝，两天后就葬入 26 号金字塔（文字台阶金字塔）下方的一座名为"乔尔查"（Chorcha）的墓葬中，这座王陵明显在他生前就已修建完毕。威廉·费什发现了这座科潘考古史上最富有的墓葬。[15] 整个石室墓长达 7.6 米，以 11 块巨大的石板为墓顶。石板下发现了一名成年男子和一个孩子共两名人牲。墓主的尸体被包裹在垫子里，随葬有许多精美的翡翠饰品，包括一条雕刻着人物的项链和巨大的耳饰。其他随葬品还包括 44 件陶器、"文房四宝"（10 个笔墨碗和至少一本腐烂的书）、美洲豹皮毛以及罕见的海菊蛤和刺牡蛎壳。在墓室周围还留下了 12 件带盖香炉，香炉的盖顶分别塑造了 12 名身着科潘王室典型服饰的君主像，其中一个戴有特奥蒂瓦坎风格眼罩的，可以确定就是第一王齐尼奇·雅什·库克·莫，因此，整个组合就是卡克·乌提·维茨·卡威尔和其 11 位祖先的塑像。

第十二王并未对王宫区进行大规模的扩建，很明显，他是一位"务实"的君主，繁衍人口，扩张疆域，控制藩国，并可能积累了大量的财富。否则，我们很难想象，后继的第十三王如何大兴土木，几乎把卫城加高了一倍！

科潘历史上最著名的国王当数第十三王瓦沙克·拉洪·乌巴·卡威尔（Uaxac Lahun Ubac K'awiil）莫属，他的昵称"十八兔"更为世人所知。今天，当我们从科潘遗址公园的入口进入王宫区时，映入眼帘的即是矗立在大广场上的巍峨的纪念碑。这些纪念碑绝大多数都是第十三王所立，上面雕刻的是他自己以各种形态显现的图像。公元695年7月9日，在他父王去世后的第21天，"十八兔"继承了王位，并统治科潘长达43年。或许得益于父王的积累，初登基的"十八兔"雄心勃勃，甚至可以说是好大喜功。他修建了文字台阶金字塔和大球场；扩建并完善仪式广场；将整个卫城抬升，并在王宫区内建立了七座精美的纪念碑。每座纪念碑上的"十八兔"服饰、姿势和行为均不相同，但都在强调自己与神灵的联系，以及所具备的萨满之力。实际上，他的名字直译就是"卡威尔的18种法相"，暗示了他强大的转化、变幻能力。更为重要的是，在公元731年的A号纪念碑上，他将自己与蒂卡尔、卡拉克穆尔和帕伦克的国王相提并论，并各自代表了玛雅宇宙最为重要的四方（东、西、南、北）之一。这明显是一种夸大其词，不过，"十八兔"确实曾经在一段时间内控制过邻国基里瓜。遗憾的是，在后期他的命运急转直下。属国基里瓜不断试图叛变，最终在公元738年4月，其国王卡克·蒂留·产·尤帕特（K'ahk' Tiliw Chan Yopaat）

在战场上将"十八兔"俘获。历史记录中有关这一事件的始末和细节并不清楚。我们能看到的最详细的记录是在基里瓜，但也仅是轻描淡写地雕刻了一个火烧神庙的事件，当然这种图像实际上是美索美洲隐晦表达城邦间冲突的方式。更为重要的是，这一事件发生后的第六天，科潘国王"十八兔"竟被羞辱性地"斩首"了。几年后，科潘对这一突发事件的描述却是另一种语调：它谈及国王"十八兔"是在战场上被"燧石和盾牌"所杀，这在玛雅世界中是一种英勇、高贵的死亡方式。一个强大王国的长寿君主是如何被比它弱小得多的城邦打败的，考古学家百思不得其解。基里瓜虽然不大，但其地理位置极为重要，它临近牟塔瓜河，这里是玛雅世界唯一出产翡翠的地方，也是巨额财富的来源。不管如何，"十八兔"的死标志着科潘失去了对基里瓜、牟塔瓜河以及珍贵的翡翠资源的控制，也是科潘由盛到衰的转折点，在接下来的17年里，城邦没有竖立任何纪念碑，大型工程建筑也完全停了下来。

继任的第十四王卡克·霍普拉赫·产·卡威尔（K'ahk' Joplaj Chan K'awiil）没有在历史上留下什么痕迹，连纪念碑也未竖立。第十五王卡克·易普雅赫·产·卡威尔（K'ahk' Yipyaj Chan K'awiil）绰号"烟贝壳"（Smoke Shell），他试图复兴科潘王朝的荣光。在他的主持下，科潘可能是倾全国之力，对26号金字塔（象形文字台阶金字塔）进行了翻新。第十五王将先王"十八兔"修建的象形文

图 20　科潘王宫区主广场（所见纪念碑几乎都是第十三王所立）

字台阶拆掉，将原来的文字增加两倍，延续科潘历史的书写。五个真人大小的雕像在台阶中部间隔排列，他们身着特奥蒂瓦坎武士的服饰，但真实身份其实是几名颇具代表性的科潘先王。第十五王自己的雕像（M 号纪念碑）则矗立在台阶正前方，虽损坏严重但雕刻非常精美，和金字塔顶部 26 号神庙同时于公元 756 年落成。神庙虽已毁掉，但在下方散落的石块中，考古学家找到一段"特别的"雕刻铭文。它似乎包含了两种文字，一种是典型的玛雅象形文字，另一种则变异明显，大卫·斯图尔特称之为"特奥蒂瓦坎字体"。这些颇具墨西哥中部文字风格的字体，实际上并不是一种真正的文字形式（叫它伪文字也并无不可），但它们成功给人以一种双语并书的错觉。考虑到下方台阶中部科潘先王们的衣着，似乎第十五王在不断宣扬自己和祖先的文治武功与美索美洲历史上最神圣的国家——特奥蒂瓦坎（此时已灭亡，但仍是仪式圣地）的密切联系。

毫无疑问，26号金字塔是一座雄伟的"祖先之山"。通过追忆先王功绩，强调与仪式圣地的关联，第十五王正试图复兴科潘。公元761年，第十五王在毗邻文字台阶金字塔的11号金字塔台阶前方放置了他的第二座纪念碑（N号纪念碑），一年后，他与世长辞，并被葬入11号金字塔下方，直到今天，这座科潘最高的金字塔尚未被深入发掘过，内部的情况依然是一个谜。

继位的第十六王雅什·帕萨·产·尤帕特（Yax Pasaj Chan Yopaat）秉承了父王的遗志，以复兴科潘为己任。在他统治时期，科潘出现了大量具有特奥蒂瓦坎风格的建筑、雕刻等元素，包括他最具代表性的作品——Q号祭坛。雅什·帕萨登基时可能只有9岁，他的母亲来自帕伦克王室，但他与第十五王的血缘关系似乎一直受到质疑。一些铭文表明，雅什·帕萨被迫与贵族分享了一些统治权力。在王宫区东北部的拉斯·赛普勒都拉斯（Las Sepulaturas）区域，一座编号为9N-82的高等级建筑内，考古学家发现了一座雕刻了象形文字的石榻（Stone Bench），其精美程度不逊于王宫区的带字雕刻。这在之前的科潘王朝是难以想象的，要知道在玛雅城邦，文字是王室的专用。这也暗示了在科潘王国的末期，王室的力

图21　科潘文字台阶金字塔和前方的 M 号纪念碑（李默然　摄）

量已经衰微得很厉害了。雅什·帕萨死后被葬入美洲豹广场东南侧的 18 号神庙下，神庙内的石板上有他戎装站立的图像，气宇轩昂、英姿勃发，与下方简陋的墓室形成鲜明对比。考古学家发现狭窄的墓室内空空如也，盗墓者破坏了封墓的石板，将随葬品（恐怕本身也没有多少）洗劫一空，雅什·帕萨的遗骸也未能保留下来。

科潘末代国王乌基特·托克（Ukit Took'）于公元822年登基。我们前文提到过，他还没来得及将标记自己获取王权的L号祭坛完工，科潘王朝就轰然倒塌，他的命运我们也无从知晓。

科潘从外来者雅什·库克·莫建立王朝以来，共历十七位国王，前后共397年，其中有第一、第二王的筚路蓝缕，第十二王的勤勉贤能，第十三王的好大喜功，第十五王和第十六王的试图复兴，展现了一幅波澜壮阔的政治图景。当然，考古学家揭示的仅是真实历史的一角，谷地内大量遗迹从未被发掘或者已遭破坏，今天的游客也只能在残垣断壁间想象当年王朝的辉煌了。

参考文献

1. Looper, M. G. , 2003, *Lightning Warrior: Maya Art and Kingship at Quirigua*, Austin: University of Texas Press.
2. Palecio, G. et al. , 1873, *San Salvador und Honduras im Jahre 1576*, New York: B. Westermann & Comp.
3. Galindo, J. , 1835, "The Ruins of Copan in Central America", *Archeologia Americana Transactions and Collections of the American Antiquarian Society*, No. 2, pp. 543-550.
4. Stephens, J. and Catherwood, F. , 1841, *Travel in Central America, Chiapas, and Yucatan*, New York: Harper and Brothers.
5. Maudslay, A. P. , 1889-1902, *Biologia Centrali-Americana: Archaeology (5 vols)*, London: Dulau & Co.
6. Gordon, G. B. , 1898, *Caverns of Copan, Honduras : Report on Explorations by the Museum, 1896-1897*, Cambridge: Peabody Museum of American Archaeology and Ethndlogy.
7. Gordon, G. B. , 1902, "The Hieroglyphic Stairway, Cambridge: Peabody Museum of America Archaedogy and Ethnology, Harvard Oniversity. Ruins of Copan", in Thompson, E. H. , eds. *Memoirs of the Peabody Museum of American Archaeology and Ethnology Vol.1 (4)*, Cambridge: Harvard University Press.
8. Morley, S. G. , 1920, *The Inscriptions at Copan*, Washington, D. C. : The Carnegie Instution of Washington.
9. Proskouriakoff, T. , 1976, *An Album of Maya Architecture*, Norman: University of Oklahoma Press.
10. Fash, B. W. , 1992, "Late Classic Architectural Sculpture Themes in Copan", *Ancient Mesoamerica*, Vol. 3, No. 1, pp. 89-104.
11. Stuart, D. , 1992, "Hieroglyphs and Archaeology at Copan",

Ancient Mesoamerica, Vol. 3, No. 1, pp. 169-184.

12. Stuart, D., 1992, "Hieroglyphs and Archaeology at Copan", Ancient Mesoamerica, pp. Vol. 3, No. 1, 169-184.

13. Bell, E. E., Canuto, M. A. and Sharer, R. J., eds., 2004, *Understanding Early Classic Copan*, Philadelphia: University of Pennsylvania Museum of Archaeology and Anthropology.

14. Bell, E. E., 2001, "Engendering a Dynasty: A Royal Woman in the Margarita Tomb, Copan", in Ardren, T., eds. *Ancient Maya Women*, Oxford: Altamira Press, pp. 89-104.

15. Fash, W. L., 1993, *Scribes, Warriors, and Kings: The City of Copan and the Ancient Maya*, New York: Thames and Hudson.

第四章 丛林中的发掘

中国考古学发展的国际化历程非常坎坷。清末中国社会积贫积弱，国外列强往往披着考古和探险的外衣大肆劫掠中国文物，这些活动大多很难归入正式科学的考古工作中。[1] 辛亥革命以后，由于战乱考古工作开展不多，但许多考古学者均是从国外学成归来，包括李济、梁思永、夏鼐等人都是采用在国外学习的考古学知识和技术开展工作。中华人民共和国成立后，中国考古学界开始与国外平等合作，在国内进行发掘。比如中国和朝鲜联合在辽东半岛南部发掘了岗上、楼上等青铜时代遗址；在黑龙江宁安市，发掘了渤海国上京龙泉府的遗址和墓葬，这是中华人民共和国成立后第一次与外国考古机构合作在中国进行的考古发掘。"文化大革命"时期，中国考古学与国外的联系基本中断。改革开放以后，中国考古学开始走出国门，国内外合作交流又重新开始。1982年，夏鼐率领中国考古学家代表团赴美国夏威夷参加"商文化国际研讨会"，这是改革开放后中国派出的首个完全由考古学家组成的代表团。1984年秋，著名华裔考古学家张光直先生应邀在北京大学做了六场学术讲座，引起了学界的热烈反响，特别是关于聚落考古和中外文明对比的相关内容让很多学者耳目一新。1991年，国家文物局发布《中华人民共和国考古涉外工作管理办法》，从此，中外考古合作更加规范，也迎来了一个高峰，其特点有合作地域广阔，时代宽泛，内容丰富。其中，在墨西哥高地运用最为成功的区域系统调查在中外合作中占据了主流的地位。包括山东大学与耶鲁大学合作开展的鲁东南地区考古调查[2]，中国社会科学院考古研究所与澳大利亚乐卓博大学（La Trobe University）合作开展的伊洛河流域聚落考古调查等均取得了丰富的成果[3]。但这些研究大多是将国外机构和学者"引进来"的工作。2004年夏季，吉林大学组队赴俄罗斯阿穆尔州，与俄罗斯考古机构联合发掘了特罗伊茨基唐代靺鞨墓地，这是中国考古学界第一次真正"走出去"的考古发掘。[4] 近年来，随着国家经济和文化实力的增强，越来越多的考古机构主动地奔赴多个国家开展包括考古调查、发掘、文化遗产保护等多种形式的合作，赴外考古形成了热潮。其中，中国社会科学院考古研究所赴洪都拉斯科潘玛雅遗址的合作发掘工作就是其中之一，这也是中国考古机构在世界其他主要的古代文明区进行的首次考古发掘。

（一）打隧道——特殊的玛雅考古

2014年，应洪都拉斯文化遗产保护和研究的主管部门人类学与历史研究所和哈佛大学威廉·费什教授的邀请，时任中国社会科学院考古研究所所长王巍等一行人赴洪都拉斯考察，与洪方签署合作协议，决定由中方主持对科潘遗址8N-11号院落进行全面的发掘、修复保护和综合研究。[5]

图22 科潘遗址8N-11贵族院落航拍（上为北）（李默然 摄）

8N-11院落位于科潘遗址一处名为拉斯·赛普勒都拉斯的贵族居住区的最北端，后者位于王宫区东北部，与王宫区之间有一条覆盖了白色石灰面的道路相连，玛雅人称之为"白色之路"。8N-11是一座封闭的方形院落，南端中部有通道与外界相连。院落边长约50米，内部庭院边长约35米。四面均为石砌的高台建筑，最主要的五座建筑从东到北顺时针编号为66—70，每座主建筑往往由数座带台基的小型建筑构成。在庭院和主建筑外围，还有若干处附属建筑。1981年，威廉·费什在院落中心进行了小规模试掘，在铺垫层下方发现了少量前古典时代（约公元前 400—前 300 年）遗存。1982 年，墨西哥考古学家艾薇琳·拉特雷（Evelyn Rattery）对部分建筑前部的边缘进行了试掘，并在北侧建筑的第一层台阶下发现了两座墓葬。1990 年，美国宾夕法尼亚大学考古学家大卫·韦伯斯特（David Webster）主持了一次对遗址的较大规模的发掘，他发掘了东侧整个 66 号建筑，包括中部主室 66C、北侧室 66N 和南侧室 66S。在中部主室内，发现了雕刻有白昼太阳神、夜间太阳神、怀抱兔子的月亮女神和金星神的精美石榻。石榻内填碎石泥巴，外表是人为加工的规则切割石（Cut Stone），顶部涂抹光滑的石灰面。因其正面饰有大量与天空、星辰相关的雕刻，故得名"天空之榻"（Sky Bench）。此外，韦伯斯特还在建筑周围发现并清理了 24 座墓葬，不过，它们大多等级较低，几乎没有随葬品发现。在 66C 和 66S 的倒塌堆积中，发现了大量雕刻残件，考古学家因而得以复原两座建筑正面墙壁上的马赛克图案。其中，66C 雕刻了以缚敌长缨为项链的太阳神形象，主题为武力和战争；66S 则雕刻了头戴睡莲冠饰的玉米神，强调丰产。1997 年，韦伯斯特再次对院落外围东侧、南侧和西侧的部分附属建筑进行了发掘，并在院落南侧位于白色之路尽头的小型建筑中发现了大量焚香器残片。这些发现均表明 8N-11 院落具有较高的地位，其功能可能比较特殊，或涉及接见来访使者时举行相关仪式。

2015年，中国考古项目正式组织实施。首批考古队员于2015年6月抵达洪都拉斯，开始一系列的发掘前期准备工作。与世界其他地区不同，对玛雅文化遗址的发掘大多是从砍树开始的。雨林的气候和长期的保护措施导致遗址上生长了茂密的树林，其中不乏一些参天大树。这其实是一柄双刃剑，好处是许多遗址可能因此被遮蔽而躲过了人为损坏特别是盗墓者的光顾，坏处则在于这些植物生命力过于旺盛、生长速度极快，其树根向四周和深处延伸，这对于遗址特别是石质建筑产生了巨大的破坏。在科潘王宫区最高的11号金字塔的西侧，斜出了一棵巨大的树木，其自身重力和树根的破坏，已经让金字塔外表的切割石块和石雕掉落，而内部的情况可能会更糟糕。虽然8N-11院落在20世纪90年代经历过发掘，老照片显示当时地表植被稀疏，但经历20多年的保护（无农耕活动）后，遗址上还是迅速长出茂密的林木。科潘遗址因文化遗产保护方面的相关法律法规，砍树还必须得到管理机构的批准，当然，整个砍树的过程颇为艰苦，雨林潮湿的气候和茂盛的植被滋生大量蚊虫，砍树时需要各种工具齐上阵，包括大砍刀、斧子甚至电锯。

第四章　丛林中的发掘 | 111

图 23　遗址清理前及地表散落的石雕（李默然　摄）

图 24　砍伐遗址表面的树木（李默然　摄）

在完成砍树和地表清理之后，整个院落显露出它的轮廓，地面上甚至能散见一些石雕残件和黑曜石器等遗物。接下来就是使用全站仪等设备对遗址进行地形测绘和数字化高程模型的制作。项目组沿用哈佛大学在科潘持续了数十年的发掘方法，同时参考了国内的操作规程，同样采取探方发掘法进行。探方边长 2 米，方向正北，以 1990 年宾夕法尼亚大学发掘时设立的永久固定点为基点，编号为探方西南角的全站仪坐标。发掘中按照土质、土色变化和包含物划分堆积层，并从上到下逐层清理。每个探方的每一个堆积层被视为一个堆积单位（西班牙语为 Lote），按照其发掘时间的顺序编号，并进行记录。墓葬等重要遗迹也单独编号并记录，大墓一般编号 T[1]，小墓则编号为 E[2]。这样的堆积单位又被归入相当于国内发掘中"地层"[3]或各类遗迹等更大、更复杂的堆积中。

图25　测量及绘图（左：李默然　摄，右：李新伟　摄）

因玛雅建筑多为外包切割石的台基式建筑，因此，废弃后会在不同深度的层位散落大量的切割石。从地表开始，在发掘过程中需要对每一块切割石进行绘图和坐标测量，对于一些原始位置保存相对完好的切割石，还需要进行编号，以期能对倒塌建筑进行精准复原和重建。在以往的发掘中，科潘本地考古队一般采用传统绘图方法，以拉基线、用皮尺和卷尺测量等方式绘制这些切割石的平、剖面图，并用全站仪测量其坐标。这种方法在耗费了大量时间的同

---

[1]　T 为西班牙语 Tomba 的首字母。
[2]　E 为西班牙语 Entierro 的首字母。
[3]　西班牙语为 Nivel，其范围远大于"堆积层"。

时，还因为工作人员的参与过多而在无形中增加了误差。鉴于此，中国考古队引入国内已广泛应用的三维建模技术，通过拍摄照片和使用软件生成探方的三维模型并导出正投影像，以之为底图在硫酸纸上描绘出探方平面图，然后和现场比对修改（主要是针对散落的切割石），极大地提高了记录的准确性和工作的效率。同时，三维模型导入坐标后可生成数字高程模型，与正投影像叠加后，可获得每件切割石和遗物的坐标。一开始，这种方法的使用也受到洪都拉斯科潘考古机构的质疑。通过考古队和管理机构的反复沟通，后者专门委派监督人员来遗址调查和核实这种方法的科学性和有效性，最终，当地管理机构和一些考古队都接受了这种方法，这也成为科潘一项新的田野工作标准。

与国内大量的软遗址（其形成主要与土和易朽材质相关）不同，玛雅遗址中大量的遗迹均使用坚固的岩石修筑而成。在考古学中，一些学者将这种在地表活动面上兴建并能保留下来的遗迹称为"加层遗迹"，而相对地，从活动面下挖形成的则是"减层遗迹"，后者以中国新石器时代遗址中发现的遗迹为代表，包括常见的窖穴、垃圾坑、墓葬、半地穴的房屋等。两者的结构和清理方式正好相反。总体而言，以石质遗迹为主的玛雅遗址相对更容易发掘，对一些建筑的清理只需沿着石墙或石质台阶顺势清理至活动面即可，且这些活动面往往也用石灰进行了铺设，保存较好。

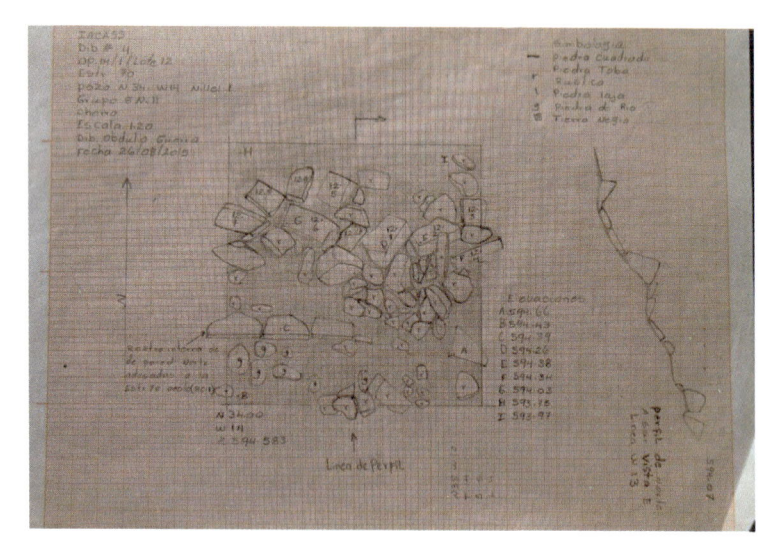

图 26　探方堆积层平剖面图（李默然　摄）

图 27　三维模型（李默然　摄）

图 28 雨林中的发掘必须架设大棚避雨（刘亚林 摄）

但是，玛雅建筑有一个非常特别的地方：其形成过程是人为层层积累的。中国考古学上有许多案例，人们会在同一个地方反复修建房屋，但这些情况似乎都是在房屋自然或意外倒塌后重新平整地面的结果。玛雅人则与此不同，他们会在间隔数年或数十年后，将旧建筑拆掉，再在上方加盖新建筑。当然，有时出于某种目的，他们会在保留旧建筑的前提下，直接在上面加盖新建筑，比如科潘 16 号金字塔下方的罗莎莉拉神庙发现时保存完好，各种灰泥雕刻色彩鲜明如初，令人惊叹不已。玛雅人之所以这样做，是因为他们将建筑也视作有自然灵力之物，与在此居住或举行仪式的贵族有着精神方面的契合，而一旦这些主人晏驾西去，后人就会将属于他们的建筑拆毁以默哀祖先的逝去。并且，在许多情况下，后人会将祖先的坟茔也安置于旧建筑中，如同在大地植下一粒玉米种子一般，祖先的灵魂就会一直滋养新的建筑和后世子孙。当然，这只是理论上的情形，实际与此有很大出入，毕竟，拆毁旧建筑，加盖新建筑并非简单的事，何况建筑上还有大量精美的石雕，这些都需要不少人力和财力，一些普通的贵族自然无法承担。不过，掌握着大量财富的君主，为了显赫自己的功绩，往往会拆毁旧建筑并进行加高，比如科潘第十三王，在他统治期间就几乎将整个科潘卫城加高了一倍。

如何清理这些被掩盖的早期建筑正是玛雅考古的难点，当然某种程度上说，也是其重要的特点。一般而言，考古学的发掘规范要求从晚到早，从上往下，层层清理，因而为了发掘这些早期建筑，叠压在上的晚期建筑则应被清理拆除。但这些玛雅的晚期建筑往往保存较好，即使上方的房屋已倒塌，但房屋下的石质高台基本都保存完好，清理掉上面的废弃堆积后，下面一般都会露出厚达十几厘米的白灰面。假如为了发掘下方的早期建筑而将表层的切割石和白灰面都清理掉，一是破坏了遗迹，二是大大增加了工作量，实在是没有必要。因而，玛雅考古学家研究出一种全新的方法，即通过打隧道的方式深入内部进行科学发掘。如同外科的微创手术一般，考古学家在表层建筑的某个地方（一般是破坏严重处或者建筑的中部）开挖隧道向内清理，碰到台基或是墙体则向上、下探索，力求向上找到被毁掉建筑的顶端，向下则探明房屋或台基的地面；接着沿着地面向四周继续挖隧道清理，直至厘清整个早期建筑的结构和布局。当然，在很多情况下，早期建筑可能不止一层，特别是诸如王宫区这样的反复营建的场所。对于这样的建筑，仍以隧道式发掘法清理，举一反三，直至最早时期的地面。

这种特别的发掘方法，优点不言而喻，不过其中也有许多挑战。首先，在隧道内发掘，往往缺乏地层的参考[1]且视野受限，可能导致考古学家无法清晰地了解同时期所有建筑的结构和布局。其次，隧道空间狭小，许多科学仪器无法使用，因而获取准确的记录也是颇具难度。当然，诸如蛇、蝎子等危险动物和坍塌带来的风险也是不容忽视的。

---

[1] 建筑内的填充物具有相当的一致性，即红泥加碎石块，缺乏足以分辨地层的人类遗物等。

图 29　隧道中发掘（刘亚林　摄）

图 30　隧道中绘图（刘亚林　摄）

图 31　2015 年科潘遗址 8N-11 院落发掘人员合影（李默然　摄）
（前排左二为豪尔赫·拉莫斯，左四至左六分别为李默然、付永旭和李新伟）

（二）精美石雕与贵族墓葬

自 2015 年开始，中国社会科学院考古研究所对科潘遗址 8N-11 贵族院落连续进行了 5 年的发掘，截至 2020 年，整个院落的发掘和修复工作已经完成，考古发掘报告正在编写中。本节依据以往刊布的发掘简报和相关文章，对一些重要发现进行详细描述。特别是其中一些主题性石雕最为精彩，本节将深入讨论其文化内涵。

1. 石雕

(1)"墨西哥纪年"和交叉火炬

该主题雕刻于 2015 年下半年至 2016 年 3 月，在 8N-11 院落北侧主建筑（70C）最晚时期的废弃堆积中以及残留的墙体上发现。北侧建筑晚期平面呈"中"字形，中部的 70C 面积最大，高度最高，其东西长 17.3 米、南北宽 14.2 米，由底座、两层台基和两组台阶构成。在第二层台基上，发现了 13 组马赛克式雕刻，东、西壁各等距分布 2 组，北部均匀分布 5 组，南侧正面台阶两侧各 1 组。雕刻由下数第三层切割石位置开始拼砌，共 8 层，每层有 2—3 块雕刻部件，共由 19 或 20 块部件构成，最宽处约 1.1 米，高度约为 1.5 米。

所谓"墨西哥纪年"图案，通常被描绘为"A"穿过"O"的形状，但是"O"一般为长方形、弧方形或者倒三角形。此图案因经常出现在阿兹特克历法盘上而得名，在《纳托尔抄本》（*Codex Nuttall*）中也有绘制，有研究者认为该图案表现了宽带打成的捆绑火炬的结。有一种观点认为"墨西哥纪年"标志可能起源自南美洲，但目前的考古资料表明，美索美洲最早发现此类图案是在瓦哈卡谷地。在瓦哈卡的黑山（Monte Negro）遗址，出土过一件香炉，上面雕刻的人像就戴有"墨西哥纪年"标志的头饰。这件陶器的年代大约在公元前 200 年，相当于蒙特阿尔班第一期（Monte Albán

Ⅰ）晚段。[7]然而最早大量出现"墨西哥纪年"标志的，则是特奥蒂瓦坎遗址。在特奥蒂瓦坎，"墨西哥纪年"标志一般与风暴神和战神特拉洛克相关。除了少量被发现于特拉洛克所持的火炬上外[8]，大部分"墨西哥纪年"标志均位于特拉洛克的头饰上。这也暗示了该图案最初与战争的联系。

交叉火炬在阿兹特克新火仪式（New Fire Ceremony）中象征了旧的52年循环，会被投入火中烧掉。在特诺奇蒂特兰的大神庙中，出土过一件石质的火炬，形态与新火仪式中祭司所持火炬非常接近。交叉火炬这一图案同样可以追溯至特奥蒂瓦坎时期。包括在城内特潘提特拉（Tepantitla）和"死亡大道"均发现了神祇手持集束火炬的雕刻图案[9]，许多风暴神的羽冠上也装饰有交叉火炬。更为重要的是，特奥蒂瓦坎太阳金字塔前方的阿多萨达（Adosada）神殿内出土了三件石雕，威廉·费什等人认为它们表现的正是交叉火炬燃烧的情景。[10]此外，在玛雅文字中也发现了交叉火炬标志的文字符号，这个符号被研究者称为"T600"。从公元7世纪中叶开始直至公元9世纪末，"T600"大量出现在玛雅碑刻中，它的意思为"起源之屋"（Wite' Naah），很多玛雅国王包括科潘第一王都从这里获得了象征合法权力的火炬。费什等人认为这个地方就在特奥蒂瓦坎，具体指的就是前文提及的特奥蒂瓦坎太阳金字塔正前方的阿多萨达神殿。

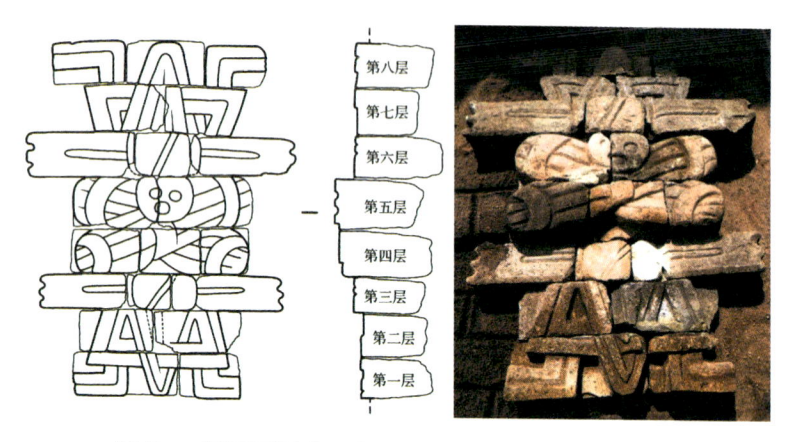

图32 "墨西哥纪年"和交叉火炬图案（右图为李新伟 摄）

也就是说，在古代美索美洲，燃烧火炬是一项重要的仪式流程，在迎接新纪元、建立新城市、修建新的重要宫殿或神庙等场合都会广泛使用[12]，甚至还与建立新政权密切相关[13]。当然这些意义在阿兹特克时期最为显著，不过，其发端则很可能在特奥蒂瓦坎。

"墨西哥纪年"和交叉火炬同时出现最早也是发现于特奥蒂瓦坎。在阿特特尔科（Atetelco）院落内一幅壁画上，一名武士正装扮成风暴之神参加某种仪式，他头饰上有"墨西哥纪年"和交叉火炬的组合图案，只是其组合方式与科潘8N-11院落北侧建筑发现的不同。实际上，科潘发现的这种独特的马赛克雕刻也大多是出现于第十六王雅什·帕萨统治时期，并且最初应是王室专用。在科潘16号金字塔南侧的10L-2号庭院，西北角一座编号为10L-29的建筑外墙上，就发现了成组的"墨西哥纪年"和交叉火炬图案石雕，该庭院被认为是第十六王的寝宫。此外，在科潘谷地外围一个名为阿马里尤（Amarillo）的遗址中，也发现了同样的马赛克石雕。前文已述，科潘第十六王为了复兴王国，采取了一系列政治改革措施，与贵族共享权力即是其中之一。因而，8N-11院落发掘领队李新伟研究员认为，该贵族院落能使用原王室专用的特殊雕刻，应与这一改革有关；而考虑到"墨西哥纪年"和交叉火炬图案与王国起源的密切关系，他推测70C建筑"在此贵族院落中应具有'祖庙'的性质，是追溯祖先光荣历程、确立自己的正统血缘地位、与祖先进行沟通的重要场所"。同时，自特奥蒂瓦坎时期以来，这一雕刻图案就与风暴神和战神特拉洛克始终有着密切的关系，70C建筑可能也是科潘第十六王时期崇尚战争和武力的象征。

（2）玉米神的死亡与重生

2017年下半年，中国考古队在院落西侧69号建筑的北部（69N）发现了一组非常精美的石雕，其内容及表达内涵涉及太阳、历法（时间）、玉米神的死亡与重生等。

这一系列石雕实际上包含三组："蜈蚣十字花"和历法；玉米神死亡；羽蛇与玉米神重生。69N的南墙和北墙的顶部各发现一个历法的标志，即玛雅长历中的"Tun"，其时间跨度相当于公历的360天。在历法标志"Tun"的下方是"蜈蚣十字花"图案：中心呈四瓣花形状的就是"十字花"符号（玛雅语 K'in，代表太阳）；外围是"亚"字形符号，代表冥界和人间的出入口；其四角呈弧形并有一缺口，从中探出一只蜈蚣的头部，蜈蚣是冥界之虫，一勾一直的触角是其典型标志。"亚"字形的上部和左右两侧，各有一条装饰四联圆点水滴纹的边框，代表地下水世界——冥界。整个下方的图案明显是表现太阳在冥界运行。值得注意的是，在玛雅人的理念中，黑夜的太阳就如同坠入冥界的玉米神，其翌日的重新升起并非理所当然，需要人类用鲜血等祭品去祭祀。在这个图案的上方的

图33　北墙上部"Tun"符号马赛克雕刻

图34　南墙上部"亚"字形符号马赛克雕刻

历法符号"Tun"恰似中国农历中的"年",将时间、太阳的起落与玉米(播种—生长—收割—再播种)的生命历程联系起来,展示了对于时间的敬畏和丰产的祈祷。

另外两组雕刻则表达了玉米神死亡和重生的主题。

死亡主题雕刻位于朝东门道的两侧,大致相当于窗棂的位置,由四层20块切割石构成了一幅马赛克图案。中心为玛雅字符"Sak",包括下面的圆角长方形、中部的一横和横上的中心圆角方形和两侧卷叶形部分。"Sak"字面意为"白色",但经常用于表达死亡。在"Sak"字符的内部为死亡状态的玉米神的侧面肖像。他双目低垂，嘴唇微张，其鼻尖处有一圆点，表示生命气息正在离他而去。玉米神头戴的末端分叉的冠，为简化的蜈蚣形象，同样是冥界的象征。在"Sak"符号之上，装饰有大量圆点状水滴纹；"Sak"的左右两侧，各有一个剖开的海螺壳，这些都是地下水世界——冥界的象征。所以，这一组雕刻表达的应该是玉米神死亡后，进入冥界等待重生的场景。

图35 死亡的玉米神（李默然 摄）

玉米神重生的雕刻就位于门楣上方，正面和背面各三组。大致可以分为两部分，上方同样为代表太阳的"十字花"，其周围有12

个圆点（水滴）环绕，似乎太阳（神）正从水世界（冥界）升起，身上还残留着水滴。下方为圆点组成的缺口"亚"字形符号，明显是地下世界的出入口。在"亚"字形符号内，一只羽蛇头的神鸟正昂首飞翔，蛇头仅有上颌，怒目圆睁，鼻端高耸，门齿粗壮，颈部两侧鬣鬣飘动，形象生动威武。神鸟的双翅为剖半的海螺壳，暗示这同样是一只来自水世界的鸟，其爪子粗壮有力，形似美洲豹的前趾，后者也是夜晚和冥界的象征。最令人惊奇的是，在神鸟的腹部，赫然凸出一尊玉米神头像，其双目紧闭，神态安详。这不禁令人想起玛雅神话《波波尔·乌》中的记载：玉米神被冥王设计杀害，并锉骨扬灰投入河中，河中的鲇鱼吃掉骨灰并被鹳鸟吞入腹内，而即将重生的玉米神就在鹳鸟腹中逐渐成形，显露出人的面容。故这组雕刻的主要内容是羽蛇神鸟正展翅飞出冥界，帮助它腹中的玉米神重生；伴随这一过程的，还有太阳的重新升起。

69N的石雕主题明确，异常精美，为我们展示了玛雅人将世界观、信仰与物质、图像结合的完美案例。读者或许会注意到，我们在描述这些雕刻时，会反复出现死亡、重生、玉米（神）、冥界、太阳、时间等词汇。这些概念看似杂乱，但其实有着很深的内在关联。与包括早期中国在内的许多古代文明一样，太阳落下的西方被玛雅人认为是死亡的方位，69N恰好位于整个贵族院落的西侧，完美对应了"死亡"的主题。但玛雅人的独特之处在于，他们认为死

图 36　西墙上部南侧马赛克雕刻

亡并非终结,而是另外一个开始,所以他们将时间视作一个个具有周期的循环,而非像孔子所谓的"逝者如斯夫"。我们相信,这一独特的世界观应当是来自农业活动的启发,玉米"播种—生长—收割—再播种"的不断循环,就如玉米神"死亡—沉入冥界—再破土重生"的英雄历程,并且,这一自然或神圣的历程当然不能缺少太阳和时间的支持。故除了表达世界观和宗教理念以外,69N 石雕可能还表达了玛雅人对于作物(特别是玉米)丰产的祈求。

2. 墓葬

迄今为止,无数玛雅墓葬或不幸被盗掘,或幸运地被考古学家科学发掘并妥善保护,这些墓室中出土的奇珍异宝填充了全世界的各个博物馆或私人藏柜。考古学家根据其中经过科学发掘墓葬的形制差异,将它们分为四个等级:土坑墓(Pit)、石围墓(Cist)、石室墓(Crypt)和大墓(Tomb)。[15]

土坑墓等级最低,一般是在地面、建筑下方或台基中间挖掘一个土坑,直接将死者葬入其中。此类墓葬出土遗物较少,有相当部分位于台基填土内或边缘的土坑墓属于祭祀或奠基性质。石围墓和石室墓均以未经加工的不规则石头砌成,区别在于前者的墓圹周围一般仅一层石头,顶部无封墓石,而后者墓圹周围一般有多层石头且顶部有封墓石。等级最高的大墓一般为方形或长方形,以人工加工后的切割石砌成墓室，并且往往带有壁龛，有的还有多个墓室并铺设石榻或白灰面。石围墓、石室墓和大墓差异相对较小，有时不易区分，但这些墓葬一般出土遗物很多，且大多位于建筑下方的中轴线上，或台阶中部及边缘下方。

由于未经充分的资料整理，我们在发掘过程中，为了方便编号，将8N-11院落出土墓葬仅分为两类：大墓和小墓。大墓形状规则，随葬品比较丰富，包括玉器、陶器、石器、骨器、海贝等。小墓均为土坑墓，形状不甚规则，一般位于台基填土内和边缘等位置，部分墓主为儿童，少见随葬品。我们在院落中共发现墓葬58座，其中大墓13座，小墓45座。本书以已经发表的北侧中部建筑3号大墓（70CT3）为例进行介绍，因其余墓葬的发掘资料尚在整理，不得不挂一漏万。

这座8N-11院落目前发现的最大的墓葬，位于最高大的北侧中部建筑70C正面台阶的下方中轴线上，整个墓葬的营建顺序如下：

①当院落的居住者准备扩建70C时，他们将前一时期的台阶全部拆掉，然后在中轴线上向下挖掘出T3的墓圹。墓圹南北长2.44—2.7米、东西宽2.34—2.46米、深2.26—2.54米。

②在墓圹内依托四壁，以科潘常见的建筑石料——凝灰岩修建墓室，墓室与墓圹之间的空隙用碎石和泥土填充。墓室呈长方形，南北长2.25—2.36米、东西宽0.98—1.12米、深1.28—1.79米。

图37 北侧中部建筑台阶下方的3号大墓（李默然 摄）

东西两侧各留有两个壁龛，龛底部铺设一层厚约5厘米的石灰面。墓室上部四面逐层内收起券，但顶部保留了一条长1.74米、宽0.64米的缝隙作为墓口。

③墓地修建一座圆形腰坑，直径约0.28米，深约0.3米。坑内放置一件带盖陶杯，陶杯内还发现了某种鸟类的残骸。将腰坑封闭，在墓室底部铺设一层厚约4厘米的碎石层，上方再涂抹5厘米厚的白灰面。

④将墓主骸骨和其他随葬品放入墓室和壁龛中，用七块长条石封砌墓口，条石间隙用碎石填充。然后在上方铺设四层石块，再抹

5—8厘米厚的白灰面。

⑤在墓圹上方修建新的台阶，台阶表面同样铺设厚达8—10厘米的白灰面。

上述程序是根据墓葬的形制和发掘过程中的一些细节推断而来。在我们揭开封墓石后，发现内部还保留有大量空间。在墓口往下约0.9米处有一层红色的砂土，质地类似上方建筑填充的红黏土，但比较松软。同时，两侧的壁龛中也有红色砂土，故推测它们由来自上方特别是壁龛中的水流冲积而成。在清理至1.35米左右时，露出了人骨和部分随葬品。将人骨和随葬品全部清理后发现一薄层黑色土，形状呈不规则的长方形，根据相关案例和研究，我们推测这可能是包裹尸体所用的纺织物腐败后与土接触形成，里面还有一些微小的红色杂点，应为朱砂。

人骨的位置同样非常有意思，可以让我们管窥当时的下葬方式。

人骨总体保存状况较好，头向北，脚朝南，下肢大体为直肢。颅骨基本保存完整，但上下翻转约180°，并向东北方向水平位移约5厘米；下颌骨脱落，位于头骨西侧10厘米左右。颈椎和胸椎解剖学位置基本正常，颈椎整体向东北旋转大约45°并产生轻微位移；两侧肋骨略有零乱，但位置总体正常。左、右肱骨分别位于肋骨的西侧和东侧，左肱骨位置正常，右肱骨发生过微小的位移。上肢向

图 38　清理 T3 墓室（李默然　摄）

北屈，左、右尺桡骨均被压在左肱骨和左侧肋骨下方，且位置大致平行。在尺桡骨的末端即手腕处，左侧肋骨和肩胛骨下方，发现大量手指骨。手指骨数量基本完整，且大体符合解剖学位置。腰椎和盆骨均略微向东北方向产生小范围的位移；盆骨朝下，左侧盆骨稍向东位移。两股骨呈交叉状，左股骨向东位移，压在右股骨上方，但解剖学位置基本正常。左胫骨旋转近 90°，并向东位移约 15—30 厘米至右侧脚趾附近。左腓骨向东移动约 30 厘米，被压在左胫骨下。右股骨基本保持原位，右胫骨略向东位移，右腓骨基本处于原位。脚趾骨被压在左、右胫骨和左腓骨的下方，骨骼数量基本保存

完整，但位置散乱，向东大致呈直线分布。

由于人骨基本位于原始的解剖学位置，特别是手指骨和脚趾骨保存较好，且手指骨基本符合解剖学位置，我们推测墓主为一次葬。左、右胫骨和腓骨被压在肋骨之下，盆骨朝下，以及左、右股骨的位置等均表明墓主为俯身葬。人骨总体都发生过或多或少的位移，特别是颅骨、左胫骨、左腓骨和脚趾骨位移相对较大。在整个发掘过程中，我们没有发现墓葬有被二次进入的迹象，加上前文已述，曾有水流进入墓葬并可能造成一定的积水，推测应是水流的浸泡和冲击作用造成了部分人骨的位移。壁龛是水流的主要来源之一，值得注意的是，位移较大的颅骨正好位于西北侧壁龛的下方，而左胫骨、左腓骨和脚趾骨则位于西南侧壁龛下方。特别是左胫骨和左腓骨向东位移的痕迹，以及脚趾骨呈东西直线排列的方式都表明，直接造成它们最终位移的一次水流来自西南侧壁龛。

在西北壁龛下，除了头骨和颈椎位移严重以外，其余骨骼基本保持原位，包括尺寸较小、重量很轻、极易移动的肋骨和手指骨。这表明，当头骨发生翻转并位移时，包括肋骨和手指骨在内的其他骨骼由于某种外力作用，并未发生较大的位移。一个可能的原因就是，墓主头部以下、脚部以上的身体在下葬时被纺织品或其他有机物包裹，而前文提及的墓室底部的方形黑色区域可能就是包裹物的痕迹。这种下葬前包裹尸体的现象，在玛雅贵族甚至国王的墓葬中非常常见，柏林民族博物馆收藏的一件陶杯上清晰地刻画了这一场景。[16]

上述分析表明，墓主的埋葬方式为：上肢向上弯曲，双手置于左胸前，下肢伸直，在下葬前以纺织品或其他有机物将头部以下脚部以上的身体包裹，然后俯身葬入墓室中。

该墓葬共出土随葬品24件，其中陶器6件、玉器17件、海贝1件。陶器有3件陶杯、1件杯盖和2件陶盆，根据一些图像资料，陶杯一般用于饮用巧克力或玉米汁；陶盆则可能用于盛放玉米粽。17件玉器均为翡翠质，包括有坠饰、片饰、项链、腰部串饰等。部分玉器雕刻精美，堪称玛雅世界的艺术杰作。

出土于手指附近的长条形坠饰左右双面钻孔，器物中部浅浮雕一个人面，头戴冠饰，双耳饰圆形耳珰，这是玛雅"阿豪"（Ajaw）的形象，表示国王或主人。人面两侧各雕刻了一个兽头（可能是蛇头）的侧面，兽眼鼓起，双唇张开。整体造型像一个双头乌龟，象征大地。类似的形象在科潘遗址也有发现，如大广场上C号纪念碑西侧的祭坛CPN5。[17]玉米神（或国王）从龟腹中重生的主题在玛雅雕刻、壁画和彩陶中非常常见[18]，这件坠饰的图案可能有同样的含义。

图39　T3 墓室平面图（李默然　摄）

两件"十字花"片饰出土于手腕旁,推测是镶嵌或附着于腕带之上。这两件片饰图案一样,中心管钻两道未通的同心圆,阴刻出花蕊。花蕊外偏45°沿着片饰对角线各刻四个扇形花瓣,花瓣内有浅槽。花瓣两两之间有三道刻槽,形成与边缘垂直的两道横条,这些横条构成一个"十"字。这整个图案与玛雅文字"Nik"(意为花)非常接近[19],表示的就是鲜花,其中构成"十"字的横条意为红色(玛雅语"Chak")。除了表示具象植物以外,花还有象征生命、灵魂的含义。玛雅人对死亡的一种常见表达是"K'a'ay u sak nik ik'",意为"他的白色之花气息停止了"[20]。

卡威尔神像片饰出土于墓主腰部附近。片饰翠绿色,整体造型近方形,宽2.09—2.98厘米、高3.48厘米、厚0.16—0.55厘米。片饰正面雕刻卡威尔神的侧面像,中部刻卡威尔的大眼,眼睛左侧为佩戴的圆形耳饰,耳饰上下各有一近椭圆形的图案,应为打结的丝带。右上角额头处喷出两道卷曲的火焰,下方的一道沿着眼睛分布,并向上垂直翘起;上方的一道经过头顶呈顺时针方向旋转至前额。鼻子大致呈弧方形,平行伸出,鼻尖处弧形,向上翘起,鼻梁上刻有鼻饰。鼻子下部为卡威尔的嘴,张开,上颌较下颌长,嘴内雕刻两颗牙齿。片饰上共五个小钻孔,均是从背面开始的单面钻。头顶中间、鼻尖和耳饰中心处各一个,底部三个,孔径大小相当,约0.06—0.2厘米。卡威尔神是闪电神,对玛雅人尤其是玛雅国王非常重要,因为它不仅与农业丰产相关，而且是统治地位的象征。[21] 在一些雕刻中，我们能看到国王手持卡威尔神人偶权杖登基的场景。[22] 还有一些串饰或者项链上的翡翠珠等也非常精美，有的造型为鱼头或鹦鹉头，均是玛雅文明中的神圣动物，展现了墓主非同寻常的地位。

图 40　T3 出土部分翡翠
（左为龟形坠饰，中为"卡威尔神像"饰，右为"十字花"片饰）（李默然　摄）

图 41　T3 出土部分陶器
（左为陶筒形杯，右上为陶盆，右下为带盖杯）（李默然　摄）

T3 的发掘和研究对于我们理解玛雅贵族墓葬的形制、葬俗和仪式理念具有非常重要的作用,我们将从以下三个方面进行介绍。

第一个方面是墓主死亡。玛雅人认为死亡是一个过程而非瞬间事件。[23] 玛雅语表述死亡主要有这样几种方式:(A) Cham,意为"生理死亡";(B) K'a'ay u sak nik ik',意为"他的白色之花气息停止了";(C) Ochb'ih 或 Och ha',意为"被上路或进入水中",水指代死后地下世界;(D) Muhkaj,意为"被下葬"。(A) 和 (B) 均表达墓主的生理死亡,但也有例外。彼德拉斯·内格拉斯一篇记载第二王去世的铭文就先写了"Cham"(生理死亡),一天以后才记录"K'a'ay u sak nik ik'"(他的白色之花气息停止了)。[24] 表明这两种表述方式含义可能不同。这篇铭文接下来还提到,六天以后,国王才"Ochb'ihiiy"(被上路),由于 b'ih 除了路以外还有缝隙、空穴之意,因此研究者认为这句话意为"将遗体送入墓中"[25],含义与 (D) 一致。在基里瓜 G 号动物形祭坛的铭文上,记载国王卡克·蒂留·产·尤帕特的死亡先后使用了"Ochb'ih"和"Muhkaj"两个动词,二者之间相隔了十天,而前者的主语竟然是"U sak nik ik"[26]。也就是说在墓主被下葬前,他的"白色之花气息"并未彻底停止,而是"上路"了。联系到上面彼德拉斯·内格拉斯的铭文,这表明"Sak nik ik"可能还有灵魂之意。因此,完整的死亡过程应该描述为:(A) 生理死亡;(B) 灵魂(从肉体)消失并"上路";(C) 墓主下葬。或许由于这些步骤之间的紧密连贯性，很多描述死亡的铭文会省略或混淆其中一些过程。

第二方面是遗体处理和墓葬营建。前面提到彼德拉斯·内格拉斯第二王在死后和下葬之间相隔了七天，其间的活动应当包括了遗体处理和墓葬营建。遗体处理的内容主要有服饰装扮，涂朱砂，用布或席包裹和捆扎，甚至还有学者提出的摘除内脏等过程。[27] 服饰装扮留下的最直接考古证据就是大量的饰品，尤其是玉器，包括耳饰、坠饰、腰带饰品和马赛克式的面具等。涂朱砂是王墓以及贵族墓葬的特征之一，比如科潘93-2号墓葬（玛格丽特大墓，墓主被认为是科潘第一王的王后）的人骨上就涂满了朱砂。[28] 涂朱砂的含义尚有争议，比较合理的解释是红色与重生有关。此外，用布或席包裹尸体也是贵族墓葬的特征之一。上述这些行为都在T3中观察得到。在遗体处理的同时，营建墓葬可能也在进行，当然也有提前营建墓葬的现象。[29] 国王或高等级贵族的墓葬一般修建于建筑下方的中心或中轴线上，其设计理念可能主要基于祖先崇拜和对玉米神的效仿。[30] 祖先死后会与生者进行频繁的互动，并像玉米神一样重生，墓葬成为祖先死后在院落中的居所，并像一粒将要重生的种子被"种"入建筑中。[31] 帕伦齐帕考王的墓就位于文字金字塔的中轴线上，并建有从建筑顶部房间通往墓室的台阶。[32] T3同样位于8N-11北部主建筑的中轴线上，基于该建筑的重要性[33]，至少在第一层建筑时期，墓主的地位是院落内最高的。此外，在墓室中放置海贝也是贵族墓葬的传统，目的在于将墓室转化为地下水世界的入口[34]，由此我们可以理解 T3 墓内放置海贝的含义。

第三方面是下葬和封墓。在下葬之前，应当还有一系列诸如悼念之类的仪式活动，只是没有考古实物证据，但在一些陶杯的图案上有所表现。[35] 放置随葬品是下葬过程中最重要的环节之一。除了上文提到的海贝和玉器之外，古典时代玛雅贵族墓葬中一般会放置陶筒形杯、陶盆、陶三足盆等。这些应当都是盛放食物的器皿，其中大部分陶筒形杯是饮器，其口沿外侧一般会彩绘或刻划上一段固定格式的文字，大意为"这是某某（墓主姓名）饮用可可（或玉米汁）的陶杯"[36]。T3 出土了三件陶杯，但都没有彩绘或刻划铭文。在下葬以后，要对墓葬进行封闭。除了墓室上方常见的鹅卵石或碎石层以及石灰面外，从广义上说，墓葬上面的建筑也是封墓的一部分。这个过程中，最重要且常见的仪式就是用火，许多描述封墓仪式的铭文都提到了"Och k'ahk'"（火进入）[37]。考古上也发现了大量证据，在科潘[38]和蒂卡尔[39]一些王墓顶封石上有焚烧柯巴脂（Copal）的现象。这种用火仪式有时也在墓室内进行。少量王墓的墓室留有通道，有被二次进入并举行仪式的现象，包括科潘玛格丽特大墓。[40]但最终墓室会被完全封闭，不再允许进入。这样，位于中心或中轴线上的高等级墓葬就成为上方建筑不可分割的一部分，并转化为新建筑景观的基点。[41]

此外，T3 墓主为俯身葬，这种葬式在古典时代玛雅贵族墓葬中极为少见。但在科潘发现过五例，其中，王宫区 10L 建筑群就发现了三例[42]，有资料发表的一例被认为是人牲[43]，墓中随葬两件陶器，遗骸的门牙有钻孔并填充翡翠颗粒。这些墓葬的年代相当，均属于古典时代晚期。10L 建筑群被认为曾经是科潘第十六王的居址所在，其中第 29 号建筑上的"墨西哥纪年"和交叉火炬雕刻与 8N-11 院落北侧晚期建筑完全一致。[44] 两处关系密切的居住址几乎在同一时期都发现了俯身葬，这或许不是巧合，但其具体含义的探讨还有待更多的资料公布和研究。

图 42　回填 T3 并按照原样恢复（李默然　摄）

（三）珊瑚蛇与"中国龙"

受到一些文学作品和影视作品的影响，在部分人看来，考古发掘工作总是新奇甚至冒险的，颇具浪漫色彩。但实际上，和几乎所有的工作一样，考古发掘是漫长、枯燥，甚至有些令人疲倦的。它是主观和机械、科学与世俗工作的集合。考古项目负责人（也叫领队）是一个综合性的领导者，他需要负责项目的学术规划，完成发掘报告和学术研究成果；同时，还需要组织各个专业的学者共同参与到项目中，包括动植物考古学家、体质人类学家、古 DNA 研究学者、碳十四测年专家、冶金和陶瓷考古研究学者、文物保护专家等；此外，他还需要与相关文物管理部门和地方基层行政单位协调，管理考古工地上的技师和民工等。

考古工作是漫长的，一个大型遗址的发掘往往要持续几年甚至几十年。科潘遗址的科学发掘已逾百年，中国安阳殷墟遗址发掘史也即将超过百年。科学发掘仅仅是第一步，对于后续的系统整理、科学分析和报告编写，考古项目负责人和各自领域的专家更是需要付出大量的时间和精力。有的学者皓首穷经，数十年的工作可能只是为了完成某个大型遗址的发掘工作和后期报告而已。

当然，考古工作有一个地方特别吸引人，那就是发现的惊喜，并且这种惊喜往往是很偶然的。在科潘，考古队也经历了这样的时刻。

2015年，中国社会科学院考古研究所开始了在科潘的第一次发掘，对于即将显露"真相"的遗址，我们充满了期待。按照玛雅遗址的一般规律，这种高等级贵族的居住院落，必然会发现大量精美的石雕甚至象形文字。这在科潘以及其他一些重要遗址中不乏先例，而且，早年宾夕法尼亚大学发掘的院落东侧建筑已经出土了雕刻了复杂、漂亮图案的"天空之楣"。这些现象暗示，体量更高大、位置更重要的北侧建筑或许能够出土更为精彩的石雕等遗物。也是基于这样的判断，我们率先对北侧建筑进行清理，期待发掘工作有好的开局。然而事与愿违，从6月开始一直到12月，考古队员目之所及都是残破的石块，偶尔有一两件表面有比如直线、弧线之类的简单图案的石雕。大家士气都有点低落，难道我们寄予厚望的北侧建筑最终只能发现一堆包砌台基的切割石块吗？

到12月上旬，这种失落的情绪越来越强烈，因为整个北侧建筑的表面已经清理完毕。当时我们断定，北侧建筑已经失去了发现精美石雕的可能性，唯一的收获就是那13组"墨西哥纪年"和交叉火炬的石雕，算聊胜于无吧。尽管这些雕刻的主题也很重要，表明了北侧建筑类似祖庙的地位和与王宫区第十六王居住址的联系，但这种雕刻以往在科潘以及周边一些遗址都有出土，总体而言缺乏新意。于是，带着遗憾，我们预订了回国的机票。

12月是科潘的旱季，气温已经快降至一年的最低，周围的一些树木开始凋零，整个遗址笼罩在一种萧条的氛围中。所有的工作人员每天埋头工作，按部就班，前期的激情似乎已经被消磨掉了。大约是13号的下午，我正在遗址上临时搭建的工作区整理资料，突然听到人群喧嚣起来。我和领队李新伟以及洪方考古学家豪尔赫面面相觑，不知道发生了什么。不多一会儿，工头蒙丘（Monchue，昵称）气喘吁吁地跑过来，和豪尔赫用西班牙语激动地交流着。那时，我们初学西班牙语，对于他们的对话实在是听不懂，豪尔赫回头用英语告诉我们工人发现了一条毒蛇，接着大步向正在发掘的探方走去。我们紧随其后，发现工人们正手持砍刀和发掘工具，围着一堆石头叫喊。原来这条蛇被惊吓以后，钻到倒塌的石块堆积中，假如它一直不出来，那么发掘工作肯定不能进行。一名胆大的工人自告奋勇，双手搬开石块，用工具在其中寻觅。突然，一条红黑相间的蛇猛地窜出，工人们一阵惊呼，迅速向后退，形成一个包围圈，把蛇困在里面。这条蛇也感知到危险，只见它身体蜷缩，形成攻击姿势，和人群对峙起来。双方谁也不敢轻举妄动，不多一会儿，蛇明显气势不足，开始逃窜。工人们眼疾手快，迅速调整位置，并用工具将它制伏。

我近距离端详这条蛇：它全身血红，有黑色和淡黄色的圆环均匀分布，头部为深黑色，令人胆寒。虽然它体长才大约1米，躯干也不甚粗壮，但整体协调，与身上的条纹非常搭配，真是一种美丽的生物！

我询问豪尔赫这是什么蛇，是否有毒？他告诉我这是中美洲最毒的蛇之一，具体名字他也不清楚。后来我在网上查到，这就是中美洲大名鼎鼎的黑纹珊瑚蛇，它可以分泌毒性极强的神经毒素，被咬伤后，需要大量的抗毒血清解救。可想而知，假如有人被咬伤，以科潘和附近的医疗资源，想存活下来几乎是不可能的。这种蛇在玛雅世界也是大名鼎鼎，危地马拉圣巴特洛遗址内，发现了大量精美的壁画。在其中一个表现玉米神死亡的场景中，投入冥界之水的玉米神脖子上就缠绕了这种美丽的"死亡之蛇"。

图43　黑纹珊瑚蛇

在打死毒蛇后，大家又恢复了工作。大约十几分钟后，有个工人又大叫起来，并招呼我去看看。我以为又发现毒蛇了，结果一看，我也立刻激动起来，这确实是"蛇"，不过是一条石雕的"羽蛇"。关于这一雕刻，我们在前文已作过详细介绍。刚出土之时，我们仔细打量这条"羽蛇"，发现其形态与中国传统文化中龙的形象竟出奇一致，所以在很长一段时期内，我们一直称它"中国龙"[45]。

除此以外，在发掘和工作过程中，我们还经历了诸如航拍无人机被搁置于树顶，一夜之间遗址边缘倒塌，偶遇大蟒蛇，大暴雨中艰难疏通排水管等令人难以忘却的瞬间，当然，也有很多发现的喜悦更值得铭记。

图44 惊现"中国龙"（羽蛇头石雕）（李默然 摄）

图 45 科潘遗址"蛇蝎考古"（李默然 摄）

参考文献

1. 王巍，2017，《中国考古学国际化的历程与展望》，《考古》第9期。
2. 中美联合考古队等，2016，《两城镇——1998~2001年发掘报告》，文物出版社。
3. 中国社会科学院考古研究所、中央澳美伊洛河流域联合考古队编著，2006，《洛阳盆地中东部先秦时期遗址——1997—2007年区域系统调查报告》，科学出版社。
4. 冯恩学、阿尔金，2006，《俄罗斯特罗伊茨基墓地2004年发掘的收获》，《边疆考古研究》第5辑，科学出版社。
5. 李新伟、荷西·拉莫斯、彭小军等，2017，《洪都拉斯科潘遗址8N-11号贵族居址北侧晚期建筑》，《考古》第9期。
6. 龙啸等，2023，《洪都拉斯科潘遗址8N-11号贵族居址西侧北部建筑69N第Ⅰ层建筑》，《考古》第4期。
7. Balkansky, A. K., Rodríguez, V. P., and Kowalewski, S. A., 2004, "Monte Negro and the Urban Revolution in Oaxaca, Mexico", *Latin American Antiquity*, Vol. 15, No. 1, pp. 33-60.
8. 李新伟，2018，《洪都拉斯玛雅文明科潘遗址8N-11号贵族居址"墨西哥纪年"和交叉火炬雕刻》，《考古》第10期。
9. 李新伟，2018，《洪都拉斯玛雅文明科潘遗址8N-11号贵族居址"墨西哥纪年"和交叉火炬雕刻》，《考古》第10期。
10. Fash, W. L. et al., 2009, "The House of New Fire at Teotihuacan and Its Legacy in Mesoamerica", in Fash, W. and Luján, L. L., eds. *The Art of Urbanism: How American Kingdoms Presented Themselves in Architecture and Imagery*, Cambridge: Harvard University Press.
11. Thompson, J. E. S. and Stuart, G. E., 1962, *A Catalog of Maya Hieroglyphs*, Norman: University of Oklahoma Press.

12. Olivier, G. , 2007, "Sacred Bundles, Arrows, and New Fire: Foundation and Power in the Mapa de Cuauhtinchan No. 2 ", in Carrasco, D. and Sessions, S. , eds. *Cave, City, and Eagle's Nest: an Interpretive Journey through the Mapa de Cuauhtinchan No. 2*, Albugwergue: University of New Mexico Press.

13. Boore, E. , 2000, "Venerable Place of Beginnings: the Aztec Understanding of Teotihuacan", in Carrasco, D. , Jones, L. , and Sessions, S. , eds. *Mesoamerica's Classic Heritage : From Teotihuacan to the Aztecs*, Boulder: University Press of Colorado.

14. Von Winning, H. , 1987, *La iconografía de Teotihuacan: Los dioses y los signos（2 Vols）*, Mexico City: Universidad Nacional Autónoma de México.

15. Smith, R. E. , 1937, "A Study of Structure A-I Complex at Uaxactun, Peten, Guatemala", *Carnegie Institution of Washington Publication 456, No. 19*, Washington D. C. : Carnegie Institution.

16. Eberl, M. , 2001, "Death and Conceptions of the Soul", in Grube, N. , eds. *Maya: Divine Kings of the Rain Forest*, Cologne: Konemann, pp. 310-321.

17. Baudez, C. F. , 1994, *Maya Sculpture of Copán: The Iconography*, Norman: University of Oklahoma Press.

18. Taube, K. et al. , 2010, *The Murals of San Bartolo, El Petén, Guatemala: Part Ⅱ: the West Wall*, Barnardsville: Boundary End Archaeology Research Center.

19. Stone, A. and Zender, M. , 2011, *Reading Maya Art: A Hieroglyphic Guide to Ancient Maya*, London: Thames & Hudson.

20. Proskouriakoff, T. , 1963, "Historical Data in the Inscriptions of Yaxchilan, Parts Ⅰ-Ⅱ", *Estudios de Cultura Maya*, Vol. 3, pp. 149-167.

21. Miller, M. E. and Taube, K., 1991, *The Gods and Symbols of Ancient Mexico and the Maya*, London: Thames & Hudson.
22. Grube, N. and Martin, S., 2000, *Chronicle of the Maya Kings and Queens: Deciphering the Dynasties of the Ancient Maya*, London: Thames & Hudson.
23. Fitzsimmons, J. L., 2010, *Death and the Classic Maya Kings*, Austin: University of Texas Press.
24. Stuart, D., 1980, "The Inscriptions on Four Shell Plaques from Piedras Negras, Guatemala", in Bensen, E. P., eds. *Fourth Palenque Round Table*, Austin: University of Texas Press, pp. 175-183.
25. Fitzsimmons, J. L., 2010, *Death and the Classic Maya Kings*, Austin: University of Texas Press.
26. Stone, A. J., 1983, The Zoomorphs of Quirigua, Guatemala, Ph. D. dissertation, University of Texas.
27. Weiss-Krejci, E., 2003, "Victims of Human Sacrifice in Multiple Tombs of the Ancient Maya: A Critical Review", *Antropología de la Eternidad: La Muerte en la Cultura Maya*, Madrid: SEEM, pp. 355-382.
28. Bell, E. E. et al., 2004, "Tombs and Burials in the Early Classic Acropolis at Copan", in Bell, E. E., Canuto, M. A., and Sharer, R. J., eds. *Understanding Early Classic Copan*, Philadelphia: University of Pennsylvania Museum of Archaeology and Anthropology, pp. 131-157.
29. Eberl, M., 1998, *Tod und Begraäbnis in der Klassischen Maya-Kultur*, Bonn: Unveröffentlichte Magisterarbeit.
30. McAnany, P. A., 1995, *Living with the Ancestors: Kinship and Kingship in Ancient Maya Society*, Austin: University of Texas Press.
31. Fitzsimmons, J. L., 2010, *Death and the Classic Maya Kings*, Austin: University of Texas Press.

32. Schele, L. and Mathews, P., 1998, *The Code of Kings: The Language of Seven Sacred Maya Temples and Tombs*, New York: Simon and Schuster.

33. 李新伟、荷西·拉莫斯、彭小军，2017，《洪都拉斯科潘遗址8N-11号贵族居址北侧晚期建筑》，《考古》第9期。

34. Fash, W. L. et al., 2001, "Trappings of Kingship Among the Classic Maya: Ritual and Identity in a Royal Tomb from Copan", in Drooker, P. B., eds. *Fleeting Identities: Perishable Material Culture in Archaeological Research*, Carbondale: Center for Archaeological Investigations, Southern Illinois University, pp. 152-169.

35. Eberl, M., 2000, "Death and Conceptions of the Soul", in Grube, N., eds. *Maya: Divine Kings of the Rain Forest*, Cologne, Germany: Koenemann, pp. 310-321.

36. Kettunen, H. J. and Helmke, G., 2014, *Introduction to Maya Hieroglyphs: XIX European Maya Conference*, Bratislava: Comenius University in Bratislava & The Slovak Archaeological and Historical Institute, pp. 30-36.

37. Stuart, D., 1998, "'The Fire Enters His House': Architecture and Ritual in Classic Maya Texts", in Houston, S. D., eds. *Function and Meaning in Classic Maya Architecture*, Washington D. C.: Dumbarton Oaks, pp. 373-425.

38. Fash, W. L. et al., 2001, "Trappings of Kingship Among the Classic Maya: Ritual and Identity in a Royal Tomb from Copan", in Drooker, P. B., eds. *Fleeting Identities: Perishable Material Culture in Archaeological Research*, Carbondale: Center for Archaeological Investigations, Southern Illinois University, pp. 152-169.

39. Coe, W. R., 1990, *Excavations in the Great Plaza, North Terrace, and North Acropolis of Tikal*, Tikal Report, No. 14, Vols. 1-6, Phila-

delphia: University Museum, University of Pennsylvania Monographs.

40. Sharer, R. J. et al., 1999, "Early Classic Architecture Beneath the Copan Acropolis", *Ancient Mesoamerica*, Vol. 10, No. 1, pp: 3-23.

41. Fitzsimmons, J. L., 2010, *Death and the Classic Maya Kings*, Austin: University of Texas Press.

42. Miller, K. A., 2015, Family, "Foreigners", and Fictive Kinship: A Bioarchaeological Approach to Social Organization at Late Classic Copan, Ph. D. dissertation, Arizona State University.

43. Andrews, E. W. V. and Barbara, W. F., 1992, "Continuity and Change in a Royal Maya Residential Complex at Copan", *Ancient Mesoamerica*, *Vol.* 3, pp: 63-88.

44. 李新伟、荷西·拉莫斯、彭小军，2017，《洪都拉斯科潘遗址8N-11号贵族居址北侧晚期建筑》，《考古》第9期。

45. 李新伟，2020，《走出国门，梦回玛雅——玛雅名城的"中国龙"》，《文明探源：考古十讲》，社会科学文献出版社，第211—239页。

第五章 食与饮

儒家经典《礼记》上讲,"饮食男女,人之大欲存焉",吃喝自然是人生第一大事。《诗经》甚至说"苾芬孝祀,神嗜饮食",不仅是凡人,就连神灵也贪恋口腹之欲。饮食对于文化和文明的塑造作用是潜移默化的,近年,有研究者以中国南方、北方为例,讨论种植水稻和小麦对于人群思维模式和文化的巨大影响。其结论虽颇具争议,但基于其内在逻辑的现象却是随处可见的,故西方有句很有名的谚语"You are what you eat"(人如其食),就是这个道理。在本章,就让我们走进古代和今天玛雅人的餐桌,感受饮食间传承的文明。

(一)玉米的驯化

玉米(*Zea mays*),作为美索美洲农业起源研究中最为常见和典型的作物品种,一直以来都是玛雅地区乃至整个美索美洲最重要的主食。当然,玉米不仅仅是单纯的食物,《波波尔·乌》里记载人类是造物神用玉米粉混合神灵的鲜血创造的。因此,对于玛雅人来说,食用玉米不仅是一日三餐的果腹之举,更像是完成神圣的仪式。

在中国,玉米又被称为玉蜀黍、苞谷、苞米、棒子、玉茭子等,光看这些样式繁多的中文名,就知道玉米自从明代传入中国后广受民众的喜爱。玉米在英文中被称为 maize 或 corn，corn 更多是美式英语的叫法，而 maize 这个英文称呼来自西班牙语 maíz。该西语词汇则来源于中美洲加勒比海群岛生活的 Taíno 人对玉米的称谓 mahiz，15 世纪末到达加勒比群岛的西班牙殖民者继续沿用了当时土著 Taíno 人对玉米的称呼。但是，最早的玉米起源地却并不在加勒比地区，而是在美索美洲的墨西哥南部地区。

图 46　科潘河谷种植的玉米（钟华　摄）

得益于分子生物学的发展，基因考古研究表明，玉米来源于一种名为 teosinte（*Zea mays* ssp. *parviglumis*）的一年生野草（从其拉丁名可以看出它与玉米同属同种，只是分属不同亚种），中文有时翻译为类蜀黍，最早驯化于墨西哥南部的巴尔萨斯河（Balsas）流域，距今已有9000年左右。[1]

目前，较之其他研究方法，基因考古在玉米起源上的研究最直接、高效，并令人信服。为便于大家理解，有必要稍微解释一下基因考古是如何得出玉米起源的这些关键信息的，也就是关于玉米起源的祖本、时间和地点是怎么确定的。对于玉米祖本的找寻，其中一条重要证据来自20世纪80年代，有学者证实了 *parviglumis* 亚种（也可翻译为小颖大刍草亚种）的类蜀黍，拥有与现代玉米几乎一致的同工酶，并且这种野草是唯一同全部现代玉米基因具有足够相似性的亚种。通过与植物体遗传变异紧密相关的同工酶和基因相似性的双重确认，这种类蜀黍成功击败其他竞争者，成为玉米几乎唯一的起源祖本。[2] 关于驯化地点的推断则是因为在巴尔萨斯河流域，类蜀黍的基因多样性要远高于其他地区，并且 *parviglumis* 亚种的类蜀黍也分布于该流域地区，同时存在基因种类的多样性和直接祖本的自然分布，巴尔萨斯河谷成为最有可能的玉米起源地。起源时间上，根据基因突变的周期性规律，学者的研究显示玉米最早的驯化时间在距今5689—13093年，如果我们取个中间点的话，时间大致在距今9000年。最早的玉米遗存发现在距今6230年的墨西哥瓦哈卡谷地的奎拉·那魁兹（Guila Naquitz）山洞[3]，如果按照基因考古学家的推测，从完全野生的类蜀黍到栽培的玉米，驯化时间要延续3000年左右，我们同样也可以推测玉米驯化的起始时间在距今9000年前后。

我们知道基因考古的研究对象主要是现生植物，如果真要把玉米起源那点事儿说明白了，必须还得依靠植物考古学的证据，即从出土的植物遗存入手。目前，植物考古研究按研究对象的不同，可以大致分为大植物遗存（Macroremains）研究（多为肉眼可见的种子、坚果等）和微植物遗存（Microremains）研究。首先，让我们看看大植物遗存的证据如何。一般来说，肉眼可见的玉米粒、玉米芯，或是其他部分，如果不是在极端的干旱或饱水的埋藏环境中，基本无法保存下来，除非以炭化的形式。有意思的是，目前发现最早的玉米遗存却都是非炭化的，而发现地点无一例外都分布在墨西哥南部的山洞里，极度干燥的洞穴给予这些"最早的玉米"完美的保存环境。考古学家肯特·弗拉纳里（Kent Flannery）和他的团队在墨西哥瓦哈卡河谷的奎拉·那魁兹山洞[4]里发现了最早的玉米大植物遗存。尽管这个山洞在距今约一万年前就开始有人类活动，但直到约6230年之前，这里才出现了弥足珍贵的玉米遗存。[5]

遗址共发现四块玉米芯残块，其形态特征就足以显示，它们作为"栽培玉米"还保留了类蜀黍的些许特征。"栽培"表现在既已成熟的玉米粒还连接在玉米芯上,而不是像野生的那样成熟后籽粒自动脱落入土中得以繁衍后代;而残存的类蜀黍特征在于,其中的三个残块仅有两列玉米粒,远少于现代玉米的4—12列,而其玉米粒的颖片也较之现代玉米更长且硬。

与奎拉·那魁兹山洞里仅发现四块玉米残块不同,位于墨西哥南部的特瓦坎谷地的山洞中却发现了24000块保存极好的玉米芯和其他玉米残块。麦克尼什(MacNeish)教授和他的考古队员们从这些巨量的玉米遗存中,总结出了几千年来人们的主动选择对于玉米尺寸造成的巨大变化。但可惜的是,最新的碳十四测年结果却显示其中最早的玉米遗存距今也只有4700年左右,远远晚于奎拉·那魁兹山洞里的发现[6],但这些材料仍然提供了大量保存完好且延续时间非常长的玉米演化序列。

虽然玉米大植物遗存的发现可以为我们提供诸多形态特征方面的细节,也可以用来直接测年,但其最早的年代距离基因考古研究得出的驯化时间都晚了将近3000年。这巨大的时间鸿沟在一些学者眼中,可以通过微植物遗存的发现来填补。玉米的微植物遗存研究对象主要包括无法用肉眼观测到的植物植硅体和淀粉粒。

近年来,美国微体植物考古学权威多洛雷斯·皮珀诺(Dolores Piperno)教授测定,最早的玉米植硅体和淀粉粒可以追溯到距今8700年前[7],这就和基因考古玉米得出的玉米起源时间非常接近了。更有意思的是，这些微体玉米遗存的发现地点也在巴尔萨斯河流域，具体是在流域中部格雷罗地区的西华托克斯特拉（Xihuatoxtla）岩厦。与发现玉米大植物遗存的一系列山洞均位于半干旱的高地地区不同，西华托克斯特拉岩厦属于季节性热带雨林地区，这种湿热的埋藏环境极不利于大植物遗存的保存，迄今在该区域的考古工作也非常有限，这就更加凸显了这些微体遗存在探索玉米起源问题上的独特性和不可取代性。但是，值得注意的是，这些最早微体遗存的年代测定并不来自玉米本身，而是由位于同一层位的木炭测年得到的，缺少直接测年证据使得这一发现的可信度受到影响。更引起人们怀疑的是，作为发现最早玉米微体遗存的遗址，这里却毫无玉米祖本类蜀黍的踪迹，这似乎和一般所理解的作物栽培最早阶段的认识有所背离。

关于玉米起源，目前的三种研究手段都给出了自己的认识和贡献：基因考古研究一针见血地指出了起源时间、地点和祖本，但却留下了大量空白，需要植物考古学材料的填补；大植物遗存的材料可信、生动且信息量丰富，但起源时间上却和所谓的基因推测时间有明显的差距；微植物遗存及时地出现在玉米起源的关键时间和关键区域，似乎可以完美解释前两种研究方法在结果上的分歧，却因为本身年代测定和考古学背景的硬伤而饱受争议。

（二）玉米在美洲的传播

巴尔萨斯河流域是美索美洲目前最有可能的玉米起源地，而关于玉米在美索美洲，以及分别向北美和南美地区的传播问题，则需要其他相关玉米遗存的考古发现来填补。巴尔萨斯河流域之外，玉米的植物考古证据既包括玉米粒、玉米棒在内的大植物遗存，也包括玉米植硅体和淀粉粒在内的微植物遗存。

从玉米的大植物遗存证据来看，最早的材料来自距今有6230年位于瓦哈卡的奎拉·那魁兹洞穴遗址[8]，以及稍晚的特瓦坎谷地和塔毛利帕斯（Tamaulipas）的洞穴遗址[9]。这三处早期玉米遗存的发现都来自干燥的洞穴遗址，标识出了玉米在美索美洲巴尔萨斯河以外的发现情况。之后，玉米大植物遗存的证据在美国的亚利桑那州和新墨西哥州的一系列季节性露天遗址中被发现，这些遗址属于当地前陶器时代（preceramic）的古代人群。美国境内最早的玉米大植物遗存年代为距今4205年[10]，只是略晚于墨西哥塔毛利帕斯洞穴遗址中的发现。从巴尔萨斯河流域向南，最早的玉米大植物遗存证据发现于太平洋沿岸平原恰帕斯地区南部的几处形成时代早期村落遗址中，其中，最早的材料来自圣卡洛斯（San Carlos）遗址，距今3605年。[11]在洪都拉斯的中西部高地，埃尔·伊甘特（El Gigante）岩厦遗址发现了美索美洲数量最多且保存最好的玉米遗存，其中最早的发现于遗址最下层，距今大约4370年。[12]在美索美洲南部哥斯达黎加的阿雷纳尔遗址（Arenal Reservoir），一根玉米棒的年代可以追溯至距今5090年[13]，而这一发现也是极少的几处早于埃尔·伊甘特岩厦遗址的证据。在南美，最早的玉米大植物遗存证据发现于秘鲁中北部海岸地区遗址，距今可达2230年。[14]

尽管玉米大植物遗存的绝对年代是基于直接的碳十四测年，但是我们也不能排除在上述地区，玉米的出现有早于这些时间点的可能性，尤其是在潮湿的热带、亚热带地区，大植物遗存难以保存，就像巴尔萨斯河流域的例子那样。为了更好地认识玉米在美洲的传播细节，我们有必要将包括孢粉、植硅体和淀粉粒在内的微植物遗存证据也考虑进来，而目前绝大多数微植物遗存的绝对年代并非来自对遗存的直接测年。

在美索美洲南部，位于墨西哥塔巴斯科的圣安德烈斯（San Andres）遗址曾发现鉴定为玉米的孢粉和植硅体遗存，基于同一层位出土木炭测年显示，其绝对年代为距今7100年。[15]在巴拿马太平洋沿岸一个名为拉德罗内斯（Cueva de los Ladrones）的洞穴遗址中，最早的地层内出土了几块石磨盘，附着的沉积物显示其中包含有玉米花粉、植硅体和淀粉粒，根据邻近的木炭样品测年显示这些玉米微体遗存可追溯到大约7800年前。[16]据多洛雷斯·皮珀诺教授的研究，来自巴拿马阿瓜杜尔塞·洛克霍德（Aguadulce Rockholder）遗址的石磨盘中也包含有玉米淀粉粒和植硅体的证据，这些遗物来自距今7750年的地层中。[17]此外，在该遗址中还使用了基于植硅体的直接测年，而不是仅依靠发现于同一层位的木炭，这一尝试彰显了将来利用植硅体测年的巨大潜力。

继续向南到厄瓜多尔，同样也发现了一些早期玉米微植物遗存的证据。比如位于厄瓜多尔太平洋沿岸的维加斯遗址发现的玉米植硅体证据可以追溯到约7960年前[18]；厄瓜多尔的圣安娜拉佛罗里达（Santa Ana-La Florida）遗址也发现了玉米淀粉粒，根据同一层位炭化有机物测年结果，这些淀粉粒的年代约在距今4980年。[19]在秘鲁南部更为偏南的地方，瓦努阿纳（Waynuana）遗址中发现了玉米的淀粉粒和植硅体证据，这些植物遗存与遗址中距今4030年的前陶时代房址相关。[20]

玉米的微植物遗存证据显示，许多地区玉米的发现时间要远早于来自炭化玉米直接测年的大植物遗存证据，这为我们更好地了解玉米在整个美洲地区，尤其是南美地区的传播提供了重要线索。虽然有学者指出在其他植物考古证据（比如大植物遗存）缺失的情况下，我们应该对玉米微植物遗存的绝对年代持谨慎态度，但是无论如何，利用多种材料来解读考古遗存的尝试还是很有必要的。还有一点是，现实情况中大多数发现早期玉米微植物遗存的遗址，都因为潮湿的热带地区保存环境而无法发现玉米大植物遗存的证据。目前，对于玉米在美洲的传播问题上，最好的办法还是同时兼顾大植物遗存和微植物遗存的双重证据。

一个有趣的现象是，玉米向南传播至巴拿马和厄瓜多尔沿海地区的时间可能早至距今 7960 年，只比巴尔萨斯河流域发现的最早玉米时间略晚。而继续向南传播至秘鲁南部和玻利维亚则相对迟缓，几乎与向北传播至美国西南地区的时间接近。较之热带地区内部不同的环境，似乎玉米在向热带地区更北和更南，那些有着不同光照和气候条件区域传播时，耗费了更多的时间。但是，要真正了解这一现象的原因以及传播的动力，我们还应关注在不同区域的古人是如何利用玉米的，以及玉米在不同社会中到底扮演了何种角色。

在特瓦坎河谷进行的考古调查显示了玉米形态从远古时代早期到形成时代早期的巨大变化，这一变化也为考古学家观察玉米作为主要的驯化植物在社会生活中的重要性的变迁提供了窗口。[21] 虽然特瓦坎河谷在远古时代中期就出现了利用玉米的证据，但这些小规模的狩猎采集人群依旧非常依赖野生植物资源。直到形成时代早期时，特瓦坎的古人们才转变为完全的农业种植者，尽管他们依旧采食一些野生资源，但栽培植物已经成为当时人们的主食。也就是说，玉米被发现后超过两千年的时间内在当地都只扮演了非常有限的角色，真正的转变发生在定居生活和农业社会完全确立之后。

玉米在特瓦坎谷地重要性的变化情况可能也适用于整个美索美洲，乃至更南的巴拿马和厄瓜多尔沿岸地区，这些区域都有着相似的环境条件。似乎在形成时代之前，玉米和其他栽培作物都仅是野生植物资源的补充，并没有成为美索美洲人们的主食。但是，玉米一经驯化之后便极快地传播开去，在从墨西哥到厄瓜多尔的广大区域中，但凡条件允许的地方都有玉米的种植。

在更南的秘鲁和玻利维亚，玉米遗存的年代相对较晚，距今只有4000年左右。主要的原因可能有两点：首先，源于安第斯山脉的自然阻隔，只有适合高海拔地区特定环境生长的玉米品种出现后才能进入该地区；其次，安第斯山区已经存在较为成熟的本地驯化植物体系。在这种情况下，玉米必须通过新的方式进入本地经济体系中：要么通过竞争，要么积极融入本地包括土豆、番薯、乌鲁库薯（ullucu）、藜麦等作物在内的早已形成的复杂食物体系。也有学者指出，最初玉米传入安第斯山区的主要原因，在于它可以酿造玉米酒（Chicha），这种酒饮可以帮助人们将碳水化合物高效地储存起来。

更北的美国西南部地区，最早的玉米遗存几乎与秘鲁和玻利维亚的遗存一样年代较晚。玉米从它最开始被驯化时就是一种热带作物，在美国西南部那样的中纬度地区种植总是存在风险，直到一种被称为Chapalote的更为耐旱但产量更低的玉米品种出现。另外，大部分美国西南地区的古代族群在当地首次出现玉米的至少一千年内，都还保持着一直以来的高度移动的生活方式，玉米最初被引进时仅仅是作为野生植物资源的补充，一般被种下之后便不再管理。所以，美国西南部驯化作物（包括玉米）的传播问题便不仅仅在于它们是否适合在当地种植，而更多在于那些分散的狩猎采集人群是否愿意接纳一种收获更可预估的经济方式。那些生活在低海拔地区的人群，为了更好地度过食物短缺的冬季和春季，更倾向于作出肯定的选择。[22] 而在美国西南地区，直到玉米被引入一千年之后的公元1世纪前后，此地的印第安土著人群才开始依赖玉米的种植。为了解决西南地区的干旱问题，早期的种植途径可能是建造灌溉渠和水坝，依赖地下水而非降雨。[23]

（三）食在科潘

相对遗址来说，科潘小镇虽然历史不长，但别具一格，颇有特色。这里生活着不少玛雅后裔，虽受到西班牙殖民文化的强烈影响，但仍然保留了不少传统因素，而饮食便是其中代表。这些文化上的留存也给了我们，一群来此进行考古发掘的中国人，一睹小镇当地日常吃喝，遐想玛雅时期饮食传统的契机。

在小镇中心广场的西侧不远处有本地最大的菜市场，每天一大早就有熙熙攘攘的人群，售卖和挑选着附近出产的粮食、蔬菜和水果。而市场周围也聚集着不少或坐或站的妇女，每人面前都有一个大包袱，兜售本地最受欢迎的主食——玉米饼。运气好的话，能找到卖本地玉米粥（Atol）的小贩，这种玉米粥可口又解酒。沿着小巷往里走，可以看到不少小店，其中一家颇为醒目，叫作 Buena Baleada（西班牙语，意为"美味的 Baleada 饼"）；再拐一个路口就是小镇最好的咖啡店，里面有本地产的优质咖啡、可可粉，很容易品尝到一杯香甜可口的热可可。

提到本地食物，最需要隆重介绍的恐怕就是玉米饼。这种巴掌大的玉米煎饼，略有厚度，口感也没有什么特别，但是对于当地居民乃至整个中美洲地区人群而言，却是食用历史超过千年的最重要的主食。传统的玉米饼制作复杂，要先将玉米粒在石灰水中浸泡，这一步尤为关键；再将湿的玉米粒用石质磨盘和磨棒（考古遗址中我们也发现了大量磨盘、磨棒）磨成面粉，揉成面团，压成扁平的面饼；最后用特制的平底锅煎成。在玉米饼制作过程中，之所以将玉米粒浸入石灰水，是因为这样不仅可以去掉玉米粒较硬的种皮，更能使玉米中的结合型烟酸水解为游离型烟酸，从而更容易被人体所吸收。

图 47　科潘当地菜市场（钟华　摄）

图 48　科潘小镇街角售卖玉米饼的妇女（钟华　摄）

图 49　参加考古发掘的当地工人围坐一起食用玉米饼（钟华　摄）

考古学家在公元前 500—前 300 年的墨西哥瓦哈卡谷地发现了像平底锅（Comal）一样的陶片，稍晚的公元 200—650 年，墨西哥高地的特奥蒂瓦坎以及其他考古遗址也发现了类似遗物。[24] 玉米饼携带方便，且可以久存，不仅可以为离家多日的劳工和战士提供能量，还可以为当时居住在城镇的居民提供各种必需的氨基酸。

不过，玉米饼很可能是经北方墨西哥高地在较晚的时间传入，在玛雅时期，科潘王朝特别是其王公贵族最重要的本地食物，是一种叫作玉米粽（Tamale）的食品。它有点像粽子，不过原料是玉米粉而非糯米，用玉米叶包裹，其中填以肉、蔬菜、水果等，蒸熟后食用。玉米粽的食用历史已经有数千年，考古学家在危地马拉圣巴托洛遗址公元前1世纪的壁画中，发现了人们食用玉米粽的证据[25]，而玛雅时期的彩绘陶器上也经常可见它们的身影。

图50　玉米粽（钟华　摄）

无论在玛雅时期或是现在，玉米粽都是常见的宴会或节日食品，也是古代玛雅礼仪庆典的指定食品。

除了玉米饼和玉米粽，在科潘小镇最常见的主食还有巴里阿达（Baleada）。与前二者不同，巴里阿达基本都是由小麦面粉制成，由于小麦中含有的面筋赋予了其特有的延展性，巴里阿达的尺寸也较玉米饼大得多，同样地，巴里阿达中间也可以添加各式肉类、蔬菜、水果和豆酱。小麦明显是由殖民者带来的，但有趣的是，西班牙本土最常见的小麦制品——面包并没有在科潘得到普遍接受，相反，结合了美索美洲面食形式和欧洲小麦原料的巴里阿达却"大行其道"，这可以看作是外来作物传入后，以本土食用形式为载体的有趣例子。

另外，美索美洲原产的豆子（Common bean）也是极为常见的食物，它们被称为菜豆或大红豆，磨成豆酱后可作为各种煎饼的馅料。大红豆在美索美洲乃至南美洲也拥有数千年的食用历史，通常和玉米种植在一起，在生长阶段为后者提供氮肥，成熟后又作为豆酱和玉米煎饼一并出场。有意思的是，夹在玉米饼、巴里阿达中的豆酱大多为咸口，而传到中国之后却一改面貌，以甜口的红豆粥、红豆沙被人们熟识，且不再是主食而成了一道甜品。

以科潘小镇居民为代表的广大美索美洲人民，数千年来种植玉米和豆子之类熟悉的作物，沿袭古老的加工方法，即便是西班牙殖民者改变了他们的语言、文化和宗教信仰，却丝毫没有撼动其牢固的饮食传统，给了我们重新了解这些既熟悉又陌生的作物如何在其原产地被利用的机会。

图 51　小镇的卷饼店（钟华　摄）

图 52　Baleada 卷饼（钟华　摄）

图 53　本地常见的豆酱配玉米饼（钟华　摄）

除了主食以外，水果、蔬菜、调料、肉类等都是古代和今天玛雅人餐桌上的常客。我们从一家本地宾馆的菜单聊起，看看玛雅人的食谱。Hotel Marina Copan 是科潘小镇相当有名的一家宾馆，位置就在镇子中心广场西北不远处，宾馆内设有餐厅，菜品在迎合主流西餐口味的基础上，同时保留了不少本土特色，是一窥科潘传统美食的好窗口。

在餐厅的菜单中，除了前文提过的玉米饼和玉米粽外，还有一些我们相当熟悉的当地餐馆菜单中包含的食材，包括番茄、牛油果和香草，以及一些不太熟悉的，例如洛洛可（Loroco）和梨瓜（Pear-squash 或 Chayote）。此外，另外两种明星级的本土产品——辣椒和南瓜。

番茄（西红柿），是我们再熟悉不过的一种蔬菜了（也有人认为它是种水果），中国的番茄产量稳居世界首位，远超列于第二、三位的印度和美国。番茄原产于中美洲和南美西部安第斯山区，考古材料证实最迟在公元前 500 年时，人们已经在墨西哥南部栽培番茄，并在 16 世纪前后由西班牙人开始传播至世界各地，当然也包括中国，从"番"字就能看出其外来属性。科潘的番茄较之国内市场中常见的番茄更为细瘦，做法除了少量用来做汤外，大部分用来当沙拉吃，要么切片，要么切丁。有意思的是，这边的番茄沙拉往往是咸口，传统做法会在上面撒盐和胡椒粉，对比下我们的白糖凉拌西红柿，当地人恐怕也要大呼无法理解，难以下咽了。

在墨西哥和中美洲的餐馆吃饭时，桌上不难发现一瓶红色的辣酱，里面装着的就是红辣椒（Chile pepper），这几乎成了整个美索美洲各地大小餐馆的标配。

红辣椒是国人最熟悉的美索美洲调料，无论是川菜、重庆火锅，还是云贵美食、湖南土菜，再或者一碗关中油泼辣子面，辣椒的加入都产生了神奇的效果，引得不少食客趋之若鹜。但在科潘人民的食谱中，辣椒的戏份并不重，似乎只是众多调味的选择之一。

图 54　本地常见的番茄沙拉（钟华　摄）

图 55　本地小餐馆最常见的可乐配辣椒酱组合（钟华　摄）

红辣椒起源于美索美洲，目前最早的栽培辣椒证据发现在 6000 多年前的墨西哥普埃布拉南部和瓦哈卡北部。在墨西哥恰帕斯地区的前古典时代发现了成组的陶器，陶器的残留物分析显示，它们或用于储藏，或用于陈放与烹饪，都跟辣椒有关，充分显示了辣椒在美索美洲人们生活中的重要性和使用上的多样性。到了玛雅时期，辣椒也常常见诸各种陶器彩绘和壁画中，用作玉米粽的调料，或是辣味可可的配料。

值得注意的是，有学者发现，在玛雅时期以及更早时段，辣椒并不常见于平民日常生活，而是更多作为祭祀、庆典的食物和饮品调料，这一用途上的限制直接影响了其早期向北美和安第斯山区的传播和被接纳程度。这样看来，在早期的美洲，辣椒似乎更多的是贵族间的用品，走的是上层传播路线。而哥伦布物种大交换之后，辣椒在我国的传播明显是大众路线，以燎原之势被迅速推广。同种调料，在不同地区有着迥异的传播轨迹，产生的影响自然也大相径庭。

南瓜派虽未出现在 Hotel Marina Copan 的菜单中，但也是酒店的季节性甜点。南瓜起源于中美洲或南美洲北部，是南瓜属最为人熟知的一个种，而其他南瓜属植物还包括同样常见的西葫芦。说起人们对南瓜（属）的利用真可谓历史悠久，最早的栽培南瓜属作物距今超过 8000 年，甚至早于玉米和豆子（Frijole）的驯化时间，并且和这两者组成了美索美洲农业史上著名的"共生作物三姊妹",牢牢占据当地作物栽培排行榜的前三位。在玛雅时期的陶器上,也可以看到南瓜的身影。科潘人民对南瓜的利用十分多样,但做成派应该是当地最常见的食用方式,南瓜子则会磨成粉作为调味料加入各种菜肴汤粥之中。南瓜在明代传入中国后也得到了迅速的推广,其煮食、蜜煎等做法与原产地不同,甚至作为救荒佳品被称作"饭瓜""米瓜"。

图 56　镇上的早餐搭配（钟华　摄）

牛油果（鳄梨），一种富含各种维生素、脂肪酸和蛋白质的水果，最近这些年也开始在中国流行起来，虽然口感相当平淡，甚至有点油腻，却有着不菲的价格。目前，考古证据显示最早的牛油果发现于墨西哥特瓦坎谷地，距今已有9000—10000年。在科潘，牛油果主要以沙拉和配菜的方式出现，口感嘛，配着蔬菜当沙拉吃还可以，但也有人更喜欢蘸点酱油和芥末酱一起吃。

香草（香荚兰），最为著名的食用香料之一，被大量使用于冰激凌和饮料中，同样也能在巧克力、蛋糕和咖啡中发现它的身影。据信，最早开始食用香草的是墨西哥东部的托托纳克（Totonac）人，公元15世纪，托托纳克人被阿兹特克人征服后，香草作为当地特产被进贡到阿兹特克的首都特诺奇蒂特兰，之后流行于整个帝国。而香草被国人所熟知恐怕还是最近几十年的事情。

洛洛可（*Fernaldia pandurate*），一种科潘常见的可食用花朵，也被当作一种重要的蔬菜，与鸡肉、土豆同煮，味道甚佳。虽然在本地同样有着悠久的食用历史，但是其食用范围似乎仅限于美索美洲地区，国内并不多见。

梨瓜，同样是原产于美索美洲，是甜瓜的一种，既可当水果生吃也可做菜。后广泛种植于世界各地，也包括中国，但仅流行于部分地区。相较于国内常见的梨瓜，科潘本地的梨瓜多有糙硬毛刺和疣状突起，被扎一下可不是闹着玩的。

从 Hotel Marinia Copan 的这份菜单来看，肉食的选择似乎和一般西餐差别不大，以鸡肉、牛肉为主，个别菜肴配以猪肉以及常见的鱼虾之类。但是，以上这些肉食来源，尤其是牛、猪、鸡这些家畜、家禽，全部都是从旧大陆传来的，美索美洲几乎唯一的本土家禽——火鸡并不在菜单内。

较之科潘丰富的植物性食品，玛雅人的肉食来源就显得非常有限。考古证据显示来源主要是野生动物，包括鹿、野猪、鸟类和鱼（也许就来自科潘河），当然他们也会食用家养的火鸡和狗（狗也会用于祭祀场合）[26]，与当下科潘人的肉食选择大相径庭。实际上，现代科潘百姓日常食用最多也最经常的肉类是鸡肉，因为它美味又便宜，也可以作为各种玉米制品的配料或填料。

以上这些美索美洲原产的食物，有一些我们非常熟悉，比如玉米、大红豆、番茄、南瓜和辣椒，从明代引入后就在我国大量种植，成为生活中不可缺少的食材。但这些食物离开本土后，其食用方法也发生了一定的变化，最明显的例子是作为玛雅贵族上层才能享用的珍贵调味料辣椒，到了我国就成为西南地区大众菜肴的必备元素；另一些食物如香草、牛油果、可可，在近年随着欧美饮食文化的渗入，才逐渐被大众所接受；此外，还有像洛洛可之类的菜蔬，直到现在食用范围也基本仅限当地。同是美索美洲本土的产品，却因各种原因，在向外传播和被外界接纳的时间、程度上，都有着极大的不同。

（四）饮在玛雅

科潘中心广场周围分布着诸如教堂、镇政府、博物馆等重要建筑，每逢假日总是人头攒动，热闹非凡。慵懒的下午，逛到广场边上的咖啡馆歇个脚，来上一杯拿铁，或是浓香的热可可，足以坐到晚饭之前。若是周末的话，许多本地人晚上都会饮上几杯龙舌兰酒。第二天早上，踱着步子去小店喝一碗玉米粥，既解酒又果腹，后味还有点甘甜。

在科潘谈到喝的，还是绕不过美索美洲最知名的作物——玉米，玉米粥是美索美洲最常见的饮品，一般会佐以豆子和南瓜子粉。通常可以分为甜玉米粥（Atol dulce）和酸玉米粥（Atol agrio）。二者都是用玉米面做的，但甜玉米粥是由刚收获的新鲜玉米磨成粉制成，酸玉米粥的原料则来自发酵的陈玉米磨成的粉。较之酸玉米粥，甜玉米粥在科潘更受欢迎，而玉米在科潘谷地一般只种两季，能吃到新鲜玉米做成的甜玉米粥的时间一年中也就那么几十天，必须非常有口福能品尝到。

图 57　广场一角的咖啡馆（钟华　摄）

不只是玉米粥，传统的玉米饼和玉米粽也可因玉米是否新鲜分成两类，相信这种分法在玛雅时代便已存在，新鲜玉米制品因为其难得而更受人珍视，也许会在更为重要的场合，为更重要的人群所食用。而为了能享用到这些新鲜玉米制品，当时的上层人群也许会刻意让祭祀、宴会的时间契合玉米的成熟季节；也许还会种植不同成熟期的玉米以延长其总成熟时间；或通过贸易、朝贡或战争获得其他地区的新鲜玉米，虽然很难找到相关考古证据，但这恐怕应是我们讨论这些问题时需要考虑的影响因素。

图 58　广场边售卖玉米粥的商贩（钟华　摄）

玉米也可以用来酿酒。但有意思的是，无论宴会庆典还是祭祀场合，玉米酒在玛雅时期却从未扮演过什么重要角色。玉米酒在玛雅世界不受待见，却在南美洲安第斯山区大放异彩，印加帝国的贵族们乐此不疲地享用着各式玉米酒[27]，而中美洲引以为傲的各类玉米主食却被安第斯人民拒之门外。

玛雅人的饮料名单中，不可不提的还有可可。可可也是制作巧克力的原料。但在科潘和整个美索美洲的绝大部分历史时段中，可可却是用来制作巧克力饮品（Chocolate beverage）和可可饮品（Cocoa beverage）的。想要对这两种饮品有进一步的认识，不妨了解一下"巧克力"一词的发明者——五百年前新大陆的西班牙人（当时的巧克力是也只是饮品，而可可则是个更为古老的美洲本土词汇）。中文的"巧克力"音译自英文"Chocolate"，而这个英文词汇则直接来源于西班牙语，连拼写方式都一致。这个西班牙语词汇从何而来，似乎学界还没有达成完全的共识。一种说法是，该词来源于基切玛雅部落的语言"Chokola'j"，意为"一起喝巧克力"；另一种得到较普遍认同的说法是："chocolate"来源于尤卡坦玛雅语"Chocol haa"，意为"热水"，而西班牙人将"haa"换成了"atl"，之后又变为"Chocolate"。那么，为什么这些外来的西班牙人要把"热水"称为"巧克力"，而放弃被他们征服的阿兹特克帝国所广泛使用的"Cacahuatl"〔这个词可以明显看出"可可"（Cocoa）的痕迹］一词呢？原来，阿兹特克帝国的 Cacahuatl 是一种冷饮，味苦而稀薄，西班牙人不喜欢，他们要的是热饮，还是加糖的那种，并且这个土著词汇在西班牙语里和"Cacafuego"（粪火）太过接近，拿另一个更暖和更好听的词儿换掉岂不更好！

这么说来，似乎巧克力是热饮，而可可（Cacahuatl）是冷饮，又何来热可可呢？其实，可可只是在阿兹特克帝国作为冷饮，而在南部早期的玛雅社会中，也被加热饮用。美国人类学家——索菲·D. 科（Sophie D. Coe）在 20 世纪 90 年代出版了一本名为 *The True History of Chocolate*[28] 的书，日前也被翻译成中文《巧克力：一部真实的历史》出版。这本书引经据典，妙趣横生，无论考古材料还是传世文献，她都能信手拈来，是了解巧克力或可可的权威书籍。值得注意的是，本书还有另一位作者——麦克·D. 科（Michael D. Coe），即索菲的丈夫，他也是研究美索美洲考古的大咖级人物。这本巧克力史的前两章来自索菲，之后她就因患癌症而无法继续写作，并在不久后病逝。在此之后，由她的丈夫麦克完成了余下的内容。这本书不仅是一本研究巧克力史的杰作，也是这对考古学家夫妇的最后合作。同为考古工作者，每思于此，不由唏嘘。

可可树（*Theobroma cacao*）被美索美洲人民利用已有数千年历史，可可就来自其果实可可果。通过残留物分析技术，可可饮品在公元前 2000 年前后的墨西哥遗址中便有发现。[29] 可可树只有在纬度

20度以内的热带地区才能顺利结果，同时海拔又不能太高，还需要大量的水分。可可果往往生长在树木主干或粗枝上，相信第一次看到可可树上果实的人都会像当年的西班牙人一样惊讶。可可果的产量并不高，每颗可可果大概有30—40粒可可豆，经过发酵、干燥、烘焙、去壳、研磨之后成为可可粉，再冲泡为可可饮品。

研究显示，可可树可能最早起源于南美洲亚马孙平原西北部的厄瓜多尔，为了获取可可果的果肉（而不是可可豆），当地人不断采摘并最终将其驯化；之后，可可树沿着海岸线传播至墨西哥东南部，也就是太平洋沿岸的恰帕斯平原。大约公元前1800年，当地人研发出了加工可可豆制成饮品的方法，考古学家通过对陶罐内壁

图59 小镇种植的可可和玛雅时期可可纹焚香炉（钟华 摄）

图60　可可豆的加工（钟华　摄）

的残留物——可可碱的分析找到了证据。这批最早饮用可可的人群创造出的考古学文化被称为"芭拉文化"，而在墨西哥湾地区，稍晚的奥尔梅克文化遗址中也发现了可可碱。有意思的是，"可可"一词很可能来源于奥尔梅克人所讲的米塞-索克语中的"卡卡瓦"（kakawa）。

奥尔梅克文化和玛雅文化的关系众说纷纭，相关研究的代表学者当然也包括上文提到的麦克·D. 科。但无论如何，饮用可可的习惯却切实被玛雅人传承下来。在各种玛雅时期的抄本、壁画、雕刻和陶器中，以可可作为题材的例子不胜枚举。其中，最有意思的

图 61　玛雅象形文字"可可"（kakawa）

来自一系列考古发现的陶制容器外壁上，这些陶器上往往绘制或雕刻有一组被称为"基础标准序列"（Primary Standard Sequence）的玛雅文字。这组文字通常可以分为几个固定的部分，往往以玛雅某个神祇开头，再谈谈这是个什么样的陶器（形状、特点），这里面装着什么东西（配方），最后献给哪个玛雅贵族饮用（多半跟着此人进了墓地）。研究者发现筒形杯或碗类的陶器，往往绘有像"鱼"一样的玛雅文字，而后来证明这个"鱼"和其周围的装饰图案就是玛雅文字"ka-ka-wa"，也就是"可可"。当然，除了可可，陶器也可能盛放其他食品，相应的也有其各自的玛雅文字"配方"，比如广受贵族喜爱的玉米粽。可以从一件陶器上直接读出它的用途，这估计会让考古学家们激动不已，其内壁的残留物分析也只能做个对比验证了。

何种可可饮品最受玛雅人追捧？无疑是一杯充满泡沫的热可可。想象一下，一位玛雅贵族深深呷一口可可沫子，放下陶杯，趁着泡沫粘在嘴唇的时候看一场妙趣横生也残忍无比的传统球赛，那该有多么畅快！玛雅人用可可液本身制作泡沫，具体做法是将可可在两个罐子之间来回倾倒，甚至有贵族侍从专门从事这一工作。玛雅人还喜欢在可可泡沫上撒辣椒，制成一杯风味独特的"辣味可可"（ik-al kakawa）。想要知道辣味可可喝起来怎么样，我在科潘可是尝试过的，结果肚子翻江倒海了一整夜，这玛雅贵族可不是好当的！

可可在玛雅世界有多重要？它在当时能作为类似货币的硬通货使用。即便到了19世纪，著名的美国外交官、探险家斯蒂芬斯到墨西哥尤卡坦半岛游历时，仍看到玛雅后裔们在使用可可豆作为零钱，此处的可可豆有点像小卖部找零用的水果糖。[30] 既然可以作为货币，就少不了仿造，危地马拉一处遗址的陶罐内就曾发现大量保存完好的"可可豆"，在如此潮湿炎热的气候中能保存完好，这可让考古学家们兴奋不已，结果送往美国的实验室检验后才发现这些"可可豆"居然是陶土制作的。

图 62　科潘小镇的可可饮品，加奶或加热水饮用（钟华　摄）

图63　科潘小镇喝到的传统"辣味可可"（钟华　摄）

到阿兹特克帝国时期，龙舌兰酒（包括其前身普尔克酒）虽大行其道，可可饮品也并没有绝迹。相反，当地人认为战士和贵族更适合饮用可可，而非龙舌兰酒。这样更能体现贵族们坚忍不拔，超越凡人的意志力。作为外来饮品的可可，被阿兹特克人群认为是其来源——玛雅低地的象征，代表奢侈和华贵，与本地的简朴低调格格不入。不知是不是这个原因，阿兹特克人作为冷饮饮用的可可与玛雅人的热可可并不完全一样。

在今天的科潘小镇，可可并未延续它的崇高地位，相反，它被一种舶来品——咖啡夺去了光芒。咖啡漂洋过海从非洲传播到中美洲地区，在此地被发扬光大。这或许与科潘谷地的自然条件有关，这里气候上属于热带，却又位于山区，昼夜温差较大，极利于咖啡生长。

图64　科潘小镇本地售卖的咖啡豆（钟华　摄）

除此以外，还有一种来自墨西哥中部高地的植物以及由它做成的饮品，也进入了玛雅人的生活。这种植物就是大名鼎鼎的龙舌兰，英文名为 Maguey，拉丁学名为 *Agave americana*。这种植物也被称为"美洲芦荟"，其形态跟芦荟类似，就连鲁迅先生，也在《藤野先生》中写道:"福建野生着的芦荟,一到北京就请进温室,且美其名曰'龙舌兰'。"但是,龙舌兰跟芦荟完全不同,二者甚至不是一个种属。

目前的考古证据表明,至少从远古时代开始,龙舌兰就成为美索美洲人民的食物。正如弗拉纳里所说,"在干旱的年份,龙舌兰是唯一一种能够存活的作物。"甚至,直到如今,龙舌兰依旧被墨西哥一些传统地区人民当作饥荒时的食物。阿兹特克人将两种植物

图65　龙舌兰女神马亚韦尔

封神,一种是玉米,另一种就是龙舌兰。马亚韦尔(Mayahuel),是美索美洲神话中象征龙舌兰的女神,亦是阿兹特克神话体系中代表母性、丰饶、繁殖与营养的女神。

小的龙舌兰大约需要8—10年才能成熟,然后它们会在中间开出花,接着就死去。在它们开花之前,把周边的叶子除去,得到中间的草芯,经过烘烤或者咀嚼,会有类似果冻的汁液流出。这种汁液富含人体所需的矿物质和维生素B,只需要几根龙舌兰草芯,就可以满足一个成人一天的需求,附带解渴功能。

到了形成时代,随着技术的发展,人们发现收割时如果足够小心谨慎,收割后再悉心照顾一下的话,这种汁液会源源不断地流出,持续数月之久。那时一个比较典型的农场,如果种植100株不同生长阶段的龙舌兰,每天大约可以收获12升草芯汁液,与适量的玉米、豆子和小南瓜(Squash)等配合一起食用,可以提供约5000卡路里的能量。

除了被当作食物之外,由于这种植物的纤维比较硬和粗,晒干后还可以用于纺织。大约在形成时代较晚时候,龙舌兰就被用来制作绳子、衣服甚至家具。

当然,龙舌兰最重要的功能,就是酿酒!著名的发酵酒普尔克(Pulque)就是由龙舌兰草芯汁液制成。随着西班牙人的入侵,成熟的蒸馏技术被带到新大陆,一种全新的名为Mezcal的蒸馏酒出现了。它的度数比普尔克高很多，以龙舌兰草芯为原料。但是，并不是所有的 Mezcal 都可以叫龙舌兰酒（特其拉/Tequila）。只有在特定地区使用蓝色龙舌兰草（Blue Agave）为原料制作出来的酒，才有资格叫龙舌兰酒。这种酒堪称墨西哥的灵魂和中美洲人民的生命源泉。

龙舌兰酒最早得名于一个叫 Tequila 的小镇，其蒸馏后呈现出纯净的白色，经过在木桶中放置，酒色会逐渐变黄，直至金黄色。根据放置时间的不同，龙舌兰酒可以分为 Blanco（西班牙语义为"白色"，放置时间为 2 月以内），Reposado（西班牙语义为"休息"，放置时间为 2—12 个月），Anejo（西班牙语义为"陈年的"，放置时间为 1—3 年），Extra Anejo（放置时间为 3 年以上）等几个类别。但这种酒并非放置越久越好。相反，放置过久乙醇可能会挥发掉。一般认为，4—5 年是能放置的最长时间。

有趣的是，一些龙舌兰酒的酒瓶中还有一条虫子。我在洪都拉斯和当地的工头喝酒时就见过，具体原因不明。

龙舌兰酒是制作鸡尾酒的主要基酒之一，除此以外，它还有一些特别的喝法，最著名的就是加盐和柠檬，这个还需一番技巧。首先把盐撒在手背虎口上，用拇指和食指握一小杯纯龙舌兰酒，再用无名指和中指夹一片柠檬片。迅速舔一口虎口上的盐，接着把酒一饮而尽，再咬一口柠檬片，整个过程一气呵成，无论风味或是饮用技法,都堪称一绝。但这种饮法仅见于墨西哥以外地区,墨西哥人民还是青睐豪放的纯饮。为什么加盐和柠檬?原因不明,不过这种喝法确实被广泛接受,并且有发扬光大的趋势。

参考文献

1. Piperno, D. R. et al., 2009, "Starch Grain and Phytolith Evidence for Early Ninth Millennium B. P. Maize from the Central Balsas River Valley, Mexico", *Proceedings of the National Academy of Sciences of the United States of America*, Vol. 106, No. 13, pp. 5019-5024.
2. Blake, M., 2015. *Maize for the Gods: Unearthing the 9000-Year History of Corn*, Oakland: University of California Press.
3. Piperno, D. R. and Flannery, K. V., 2001, "The Earliest Archaeological Maize (Zea mays L.) from Highland Mexico: New Accelerator Mass Spectrometry Dates and Their Implications", *Proceedings of the National Academy of Sciences of the United States of America*, Vol. 98, No. 4, pp. 2101-2103.
4. 圭拉·那魁兹（Guila Naquitz）洞穴遗址，位于墨西哥瓦哈卡谷地东部，是一处坐落于大型凝灰岩峡谷峭壁底部，略高于河谷的小型洞穴遗址。1966年，考古学家肯特·弗拉纳里和他的团队对该遗址进行了考古发掘，并在1986年出版了遗址系统的研究成果，即《圭拉·那魁兹——墨西哥瓦哈卡的远古时代觅食与早期农业》（*Guila Naquitz - Archaic Foraging and Early Agriculture in Oaxaca, Mexico*）。圭拉·那魁兹洞穴遗址的前陶期主体使用期，即"那魁兹"期（D层至B2层）延续时间约为公元前8750—前6670年。基本上，遗址的利用始于前农业时期（古印第安时代到远古时代初期的过渡期），结束于瓦哈卡谷地东部栽培作物证据的最早出现。作为可能的"小游群营地"，圭拉·那魁兹洞穴遗址见证了瓦哈卡河谷从狩猎采集经济到早期农业的转变过程。而遗址的发掘和持续多年的研究工作，已经成为利用多学科系统研究中美洲地区农业起源问题的典范。遗址所在区域是瓦哈卡河谷最为干燥的地区，适于考古材料，尤其是植物遗存的保存。除了早期玉米的发现，圭拉·那魁兹遗址在前陶期的主体层位中，出土了大约21705件可鉴定的植物遗存，其中最多的是橡子、牧豆（*Prosopis juliflora*）、朴树籽、麻风树籽和仙人掌果，以及野洋葱（*Allium* sp.）、龙舌兰（*Agave* sp.）、银合欢（*Leucaena* sp.）、菜豆（*Phaseolus* sp.）等数量较少的采集类植物遗存。值得注意的是，在遗址前陶期层位中，还发现了西葫芦（*Cucurbita pepo*）和瓢葫芦（*Lagenria siceraria*）被驯化的证据，栽培西葫芦共发现9粒种子和6枚果柄，栽培瓢葫芦则出土了7块碎表皮，其中西葫芦是遗址的主导栽培种。充分的证据显示，在大约公元前8000年，圭拉·那魁兹洞穴遗址所在的瓦哈卡谷地已经开始了对植物资源的栽培实践，尽管在遗址的主体使用期，狩猎采集经济模式仍然是人们主要的生计来源。

5. Piperno, D. R. and Flannery, K. V., 2001. The Earliest Archaeological Maize (*Zea mays* L.) from Highland Mexico: New Accelerator Mass Spectrometry Dates and Their Implications. *Proc Natl Acad Sci. U. S. A.*, Vol. 98, No. 4, pp. 2101-2103.

6. 特瓦坎谷地洞穴遗址，位于墨西哥普埃布拉州东南，包括以圣马科斯、科克斯卡特兰为代表的一系列位于特瓦坎谷地的洞穴遗址，因其特殊地理环境（两山相夹的雨影区）所造就的极其干燥的自然条件，大量植物遗存得到了很好的保存。20世纪60年代，理查德·麦克尼什教授带领的考古团队进行了多年的考古调查和发掘，这一考古项目不仅发现了早期经人工驯化的玉米芯遗存，还系统揭示了该区域考古学文化发展序列，并首次向人们全方位展示了特瓦坎谷地由狩猎采集经济社会向成熟农业社会的重大转变。特瓦坎谷地洞穴遗址的延续时间超过了万年，从古印第安时代，到远古时代，再到形成时代早中期，直至延续到16世纪。从远古时代到形成时代早期，生活在特瓦坎谷地洞穴遗址的古代人群，经历了从完全依赖野生动植物资源，到以农业作物为主要生计来源的转变，同时其生活方式也不断趋向于定居。在这一系列洞穴遗址中，共出土了

24000 余块保存极好的玉米芯和其他玉米残块,仅在科克斯卡特兰洞穴遗址中,就发现了 15000 余块早期玉米遗存。除了大量的玉米芯和残块,特瓦坎谷地洞穴遗址中还发现了其他早期人工驯化植物遗存的证据。在远古时代早期(公元前 6800—前 5000 年),即里埃戈(El Riego)时期,可以确认牛油果(*Persea americana*)、辣椒(*Capsicum annuum*)、绿穗苋(*Amaranthus hybridus*)、灰籽南瓜(*Cucurbita mixta*)已经为人们所驯化,在这一时期还发现了可能为世界最早的棉铃(*Goaaypium hirsutum*);远古时代中期(公元前 5000—前 3400 年),即科克斯卡特兰(Coxcatlan)时期,栽培植物的数量进一步增多,葫芦(*Lagenaria siceraria*)、菜豆(*Phaseolus vulgaris*)、黑肉柿(*Diosbyros ebenaster*)和南瓜(*Cucurbita moschata*)出现在了特瓦坎谷地。直到远古时代晚期(公元前 3400—前 2300 年),即阿比查斯(Abejas)时期,特瓦坎谷地洞穴遗址中发现了最早的玉米遗存,但这一时期,以玉米、菜豆和南瓜为主的农作物仍然不是人们最重要的食物来源,人们依旧以狩猎采集的经济活动为主要的生存模式。

7. Smith, B. D., 1998, *The Emergence of Agriculture*, New York: Scientific American Library.

8. Piperno, D. R. et al., 2009, "Starch Grain and Phytolith Evidence for Early Ninth Millennium B. P. Maize from the Central Balsas River Valley, Mexico", *Proceedings of the National Academy of Sciences of the United States of America*, Vol. 106, No. 13, pp. 5019−5024.

9. Piperno, D. R. and Flannery, K. V., 2001, "The Earliest Archaeological Maize (*Zea mays* L.) from Highland Mexico: New Accelerator Mass Spectrometry Dates and Their Implications", *Proceedings of the National Academy of Sciences of the United States of America*, Vol. 98, No. 4, pp. 2101−2103.

10. Smith, B. D., 1998, *The Emergence of Agriculture*, New York:

Scientific American Library.

11. Mabry, J. B. , eds. , 2008, *Las Capas: Early Irrigation and Sedentism in a Southwestern Floodplain*, Tucson: Center for Desert Archaeology.

12. Blake, M. et al. , 1995, "Rodiocarbon Chronology for the Late Archaic and Formative Periods on the Pacific Coast of Southeastern Mesoamerica", *Ancient Mesoamerica*, Vol. 6, No. 2, pp. 161-183.

13. Blake, M. et al. , 2012, *Ancient Maize Map, Version 1. 1: An Online Database and Mapping Program for Studying the Archaeology of Maize in the Americas*, Vancouver: Laboratory of Archaeology, University of British Columbia.

14. Bradley, R. S. and Vieja, T. , 2014, "An Archaic and Early Formative Site in the Arenal Region, Costa Rica," in Sheets, P. D. , and Mckee, B. R. , eds. *Archaeology, Volcanism, and Remote Sensing in the Arenal Region, Costa Rica*, Austin: University of Texas Press.

15. Blake, M. , 2015, *Maize for the Gods: Unearthing the 9000-Year History of Corn*, Oakland: University of California Press.

16. Pohl, M. E. O. et al. , 2007, "Microfossil Evidence for Pre-Columbian Maize Dispersals in the Neotropics from San Andres, Tabasco, Mexico", *Proceedings of the National Academy of Sciences of the Onited States of America*, Vol. 104, No. 16, pp. 6870-6875.

17. Dickau, R. , 2010, "Microbotanical and Macrobotanical Evidence of Plant Use and the Transition to Agriculture in Panama," in Van Derwarker, A. M. and Reres, T. M. , eds. *Intergrating Zooarchaeology and Paleoethnobotany: A Consideration of Issues, Nethods, and Cases*, New York: Springer, pp. 99-134.

18. Piperno, D. R. et al. , 2000, "Starch Grains Reveal Early Root Crop Horticulture in the Panamanian Tropical Forest", *Nature*, Vol. 407, pp. 894-897.

19. Piperno, D. R. and Pearsall, D. M., 1998, *The Origins of Agriculture in the Lowland Neotropics*, San Diego: Academic Press.
20. Zarrillo, S., 2012, Human Adaption, Food Production, and Cultural Interaction during the Formative Period in Highland Ecuador, Ph. D. dissertation, University of Calgary.
21. Perry, L. et al., 2006, "Early Maize Agriculture and Interzonal Interaction in Southern Peru", *Nature*, Vol. 440, pp. 76-79.
22. Evens, S. T., 2008, *Ancient Mexico & Central America-Archaeology and Culture History*, London: Thames & Hudson.
23. Will, W. H., 1988, *Early Prehistoric Agriculture in the American Southwest*, Santa Fe: School of American Research.
24. Smith, B. D., 1998, *The Emergence of Agriculture*, New York: Scientific American Library.
25. Morton, P. E., 2014, *Tortillas: A Cultural History*, Albuguergue: University of New Mexico Press.
26. Saturno, W. A. et al., 2005, "The Murals of San Bartolo, El Petén, Guatemala", *Ancient America*, Vol. 7, pp. 1-56.
27. Coe, S. D., 1994, *America's First Cuisines*, Austin: University of Texas Press.
28. Coe, S. D., 1994, *America's First Cuisines*, Austin: University of Texas Press.
29. Coe, S. D. and Coe, M., 2007, *The True History of Chocolate*, London: Thames & Hudson.
30. 索菲·D. 科、麦克·D. 科, 董舒琪译, 2017,《巧克力: 一部真实的历史》, 浙江大学出版社。
31. 约翰·斯蒂芬斯, 弗里德里克·卡塞伍德绘图, 周灵芝译, 2019,《玛雅秘境: 失落的四十四座尤卡坦古城》, 中国工人出版社。

第六章 宗教与艺术

玛雅文明最令人津津乐道的，无疑是它的宗教和艺术。今天考古发现以及盗掘出土的各类文物，大部分是与宗教艺术主题相关的。可以毫不夸张地说，宗教和艺术是玛雅文明最闪耀的印记，也是玛雅城邦社会形成和发展的基石。本节我们将从历史文献、考古遗存、人类学资料等角度，以一些宗教、艺术的片段，抽丝剥茧般深入玛雅文明的内核。

（一）玛雅"圣经"——《波波尔·乌》

《波波尔·乌》是一支名为"基切"（Quiché）的玛雅人的创世神话传说。[1] 基切玛雅人是古典玛雅人的后裔，生活在危地马拉高原，至今仍有相当数量的人群。"基切"一词意为"多树"，墨西哥中部的纳瓦人称呼基切玛雅人的领地为"夸乌特马兰"（Cuauhtēmallān，意为"多树之地"），这也是危地马拉这一国家名的由来。根据相关统计，危地马拉共有将近200万基切人，他们占总人口数量的11%，是最大的原住民族，其中，基切省就有60多万基切玛雅人，占该省人口的60%以上。

基切玛雅人说自己的语言——基切语，这是玛雅语系的一种，今天仍有大约100万人说这种语言，是美索美洲使用范围最广的原住民语言。它与古典时代用象形文字刻成的碑文并不完全相同，二者关系有点像现代汉语和文言文的关系。《波波尔·乌》最著名且最完整的版本，起初就是以基切玛雅语书写的。西班牙人在征服危地马拉之后，禁止了玛雅文字的使用，并开始强制推行拉丁语和西班牙语。但是，一些玛雅祭司和书写者仍偷偷地以玛雅文字抄写一些古老典籍，其中就包括讲述玛雅神话历史的《波波尔·乌》。

1702年，一位名叫弗朗西斯科·希梅内斯（Francisco Ximénez）的传教士在危地马拉奇奇卡斯德南戈（Chichicastenango）小镇上，发现了一份《波波尔·乌》的抄本（Codex）[1]。希梅内斯并未将之焚毁，反而翻译为西班牙语，并抄录下来。可惜的是，这一翻译本一直被遗忘在危地马拉市圣卡洛斯大学（Universidad de San Carlos de Guatemala）图书馆的一处角落，无人问津。1854年5月初，德国探险家、地理学家和生物学家莫里茨·瓦格纳（Moritz Wagner）和奥地利探险家、外交官卡尔·冯·舍尔泽（Karl von Scherzer）造访危地马拉市，舍尔泽在大学图书馆发现了希梅内斯的作品。在危地马拉历史学家和档案管理员胡安·加瓦雷特（Juan Gavarrete）的帮助下，舍尔泽复制了手稿的后半部分内容，并在返回欧洲后出版。

---

[1] 抄本，玛雅书籍的一种形式，采用折叠式的页面。

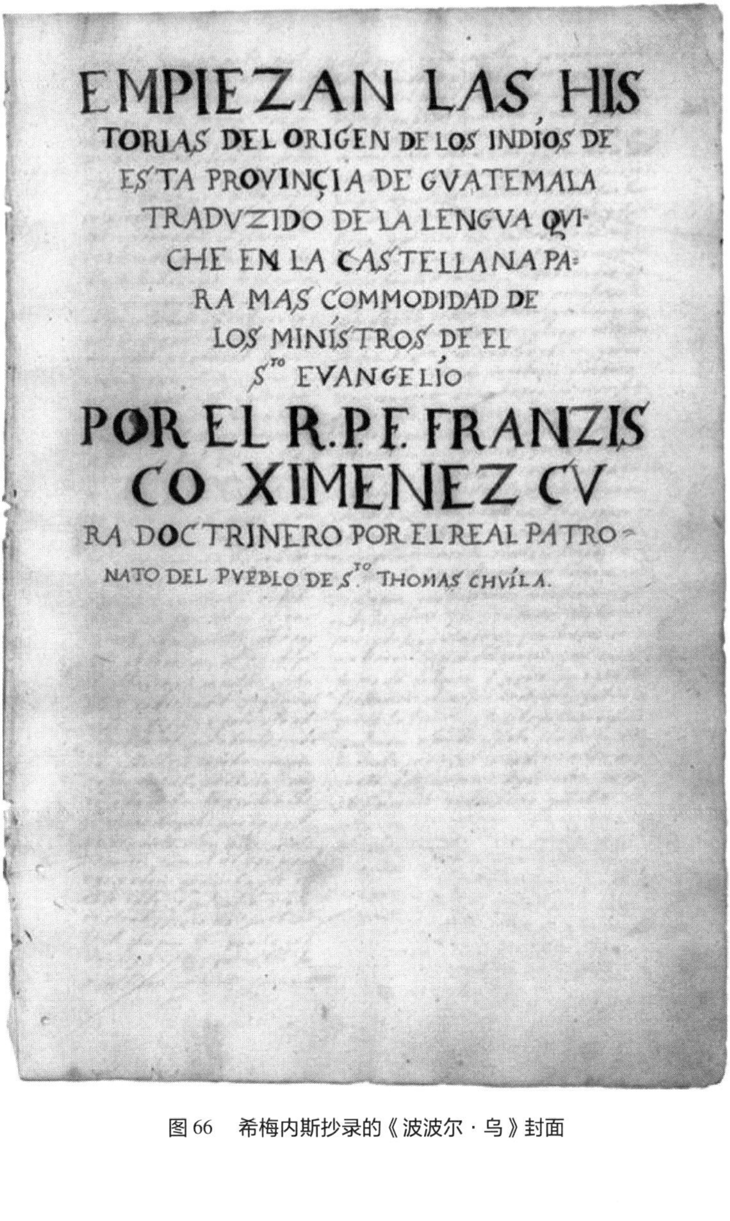

EMPIEZAN LAS HIS
TORIAS DEL ORIGEN DE LOS INDIOS DE
ESTA PROVINÇIA DE GVATEMALA
TRADVZIDO DE LA LENGVA QVI-
CHE EN LA CASTELLANA PA-
RA MAS COMMODIDAD DE
LOS MINISTROS DE EL
S.to EVANGELIO
POR EL R.P.F. FRANZIS
CO XIMENEZ CV
RA DOCTRINERO POR EL REAL PATRO-
NATO DEL PVEBLO DE S.to THOMAS CHVILA.

图 66　希梅内斯抄录的《波波尔·乌》封面

1855年，法国一名修道院院长查尔斯·埃迪安·布拉瑟尔·德·布尔布尔格（Charles Étienne Brasseur de Bourbourg）也在圣卡洛斯大学图书馆发现了这部手稿，与舍尔泽不同，他将其盗走并带回了法国。1874年，查尔斯死后，其生前收藏的墨西哥和危地马拉藏品由阿尔方斯·皮纳特（Alphonse Pinart）托管，并通过后者出售给了爱德华·艾尔（Edward E. Ayer），其中就包括希梅内斯的手稿。1897年，爱德华决定将他的17000件藏品捐赠给芝加哥的纽伯里图书馆，希梅内斯的《波波尔·乌》翻译本是其中之一。从那以后，这部手稿再次沉寂，直到1941年，一位名叫阿德里安·雷西诺斯的危地马拉历史学家在纽伯里图书馆又发现了它，最终将其完整出版。

"Popol Vuh"一词由两个玛雅词汇组成，"Popol"是一种垫子或草席，被视作社群的象征，科潘22-A号建筑上就装饰有这种编织物的图案，该建筑也被认为是贵族们商议政事的场所。[2] "Vuh"的基切玛雅语一般写作"Wuj"，是"纸"的意思，玛雅人以无花果树的树皮造纸。二者连在一起，意为"社群之书"或"议会之书"，换言之，这本书中的故事是基切玛雅这个群体人人知晓的，故而很多人将它称作"基切玛雅人的《圣经》"。

《波波尔·乌》主体内容大致可以分为四个部分：第一部分是创世传说，讲述神灵创造了世界和动物，但却未能成功造人的故事；第二部分叙述了英雄双兄弟击杀大鹦鹉的故事；第三部分是插叙,描述英雄双兄弟击败冥王,并从地狱解救父亲玉米神的故事;第四部分则接续第二部分,讲述神最终创造出了人,并给予他们维系生存的食物与繁衍生息的土地。从外,《波波尔·乌》还记载了基切玛雅人的历史与建国事迹,其中蕴含了玛雅人独特的宇宙观和宗教思想。

《波波尔·乌》的创世神话与其他文明的颇为类似。同样是在一片混沌中,最初存在的有四位大神:西皮亚科克(Xipyacoc)、西姆卡内(Xmucane)、特佩乌(Tepew)和库库玛兹(Q'ukumatz)。西皮亚科克和西姆卡内为一男一女的夫妻神,一般被称作祖父神和祖母神;特佩乌和库库玛兹两个词均来源于纳瓦语,意为"君主"和"羽蛇"。从四位初始大神的设置,大致可看出玛雅人对人伦、国家和战争是颇为重视的。接着,这四位大神又创造了东西南北四个方位和其他四位神灵,分别是"天空之心"(Heart of Sky)、"飓风"(Huracán)、"最年轻的雷电"(Youngest Thunderbolt)和"迅雷"(Sudden Thunderbolt)。这八位神灵一起将混沌中的水带走化为河流和海洋,分开天地,创造山川和森林,以及各种动物做森林的守护者。

神灵们一开始试图让动物供奉自己,但是很快他们就意识到这些动物没有心脏也不会说话,既不理解他们的意思也不会听从他们的训示,无法成为合格的供奉者。于是,西皮亚科克和西姆卡内开始在日出之前创造人类。他们首先尝试用泥土造人,但发现这些人过于脆弱，遇水即化，无法行走，也不能供奉他们；之后又尝试了用木头造人，这一次获得了成功，这些人可以动了，并且很快就扩散到了世界的各个角落，但是他们依然没有心脏，很快就忘记了自己的创造者，身体也非常僵硬，移动也不方便。神明由于得不到供奉非常愤怒，用一场大洪水淹没了这些木头人，他们的身体四处散落，仅留下一些幸存者变成了今天的蜘蛛猴。

就在木头人生活的漫长黑夜中，有一只名叫 7 Macow 的大鹦鹉迅速地自我膨胀了起来，它用蓝绿色的珠宝装饰自己的眼睛，以翡翠等玉石作为自己的牙齿，身上的羽毛似剑一般锋利、如金银一样闪亮。它骄傲地宣称它才是真正的太阳，能为大地带来光明，鸟喙发出的光芒可以一直照到月亮上。大鹦鹉在《波波尔·乌》中完全是负面形象，但是，考古发现表明，它有时候也是玛雅人崇拜的对象。描绘其肖像的雕刻、壁画或彩陶比比皆是，特别是在前古典时代和古典时代早期尤为常见。有的考古学家甚至将其称作"主鸟神"（Principal Bird Deity）。大鹦鹉还有两个儿子，大儿子鳄鱼（基切玛雅语 Zipacna）擅长造山，二儿子地震（基切玛雅语 Cabraca）则专门让大地战栗摇晃。它们一起制造了很多混乱，破坏了世界的秩序。

创世神西皮亚科克和西姆卡内有两个孙子（后文会详细讲述关于创世神两个儿子的故事），英雄双兄弟乌纳普（Hunahpu，意为"吹筒枪能手"）和西巴兰奇（Xbalanque，对此翻译的争议较大，一般认为其意为"年轻的美洲豹太阳")。乌纳普身上有一些黑色斑点，西巴兰奇长得更像动物，脸上一般有山羊胡或络腮胡，这两人都具有明显的动物特别是美洲豹的特征。

两兄弟决定除掉大鹦鹉，他们躲藏在它经常觅食的树下，西巴兰奇变幻为美洲豹露出爪子吸引大鹦鹉的注意，乌纳普则趁机用吹筒枪[1]伏击，射伤了它的眼睛和下巴。可惜未能将它杀死，乌纳普的一条胳膊还被大鹦鹉撕掉了。这一场景被刻画在科潘早期的大球场上，鹦鹉口中还叼着一条血淋淋的胳膊。英雄双兄弟向自己的祖父母求助，四人假扮作医生给大鹦鹉治疗牙齿和眼睛，趁机用玉米换掉了它身上所有的珠宝和玉石，杀死了它，乌纳普也找回了自己的胳膊。之后两兄弟又将大鹦鹉的大儿子鳄鱼引诱到河谷中捉螃蟹，用周围的山石压死了它；给二儿子地震吃了下过毒的烤鸟，削弱了它的力量，在它摇晃山川的时候把它掩埋了起来。最终，世界的秩序被恢复了。

在黎明将至的时候，创世神西皮亚科克和西姆卡内终于找到了合适的造人材料：玉米。他们将玉米磨成粉，并混合入自己的血液，这一次他们首先创造出了四个人：森林美洲豹（B'alam Quitze）、夜晚美洲豹（B'alam Aq'ab'）、旅行者（Majukutaj）和黑色美洲豹（Ik'i B'alam）。这四个人四肢强壮、耳聪目明，能够

---

[1] 吹筒枪，一种以空心的芦苇等植物做杆，在一端放入箭头，另一头吹气发射的武器。

图67　科潘球场发现的大鹦鹉（其胸前兽口中有一只人的胳膊）（李默然　摄）

听懂神明的训示并懂得感恩，表示今后自己会用最珍贵的鲜血供奉创世的诸神。神灵又为他们创造了四位妻子，他们八个人就是基切玛雅人四个主要分支部落的祖先。

基切玛雅人在黎明前的黑暗中四处游荡，神明将他们指引到了图拉。美索美洲有多座城市都曾被冠以图拉之名，最为著名的乃是位于墨西哥中部的托尔特克人的首都，但《波波尔·乌》里的图拉应为后古典时代最重要的玛雅城市奇琴伊察。在这里他们获得了各自部落的保护神，分别名为"祭品"（Tojil）、"保护"（Auilix）、

"卧山"（Jaq'awitz）和"中央平原"（Nik'akaj Taq'aj），由此他们创立了自己的国家，拥有了自己的语言。后来，他们离开图拉继续在黑暗中游荡，破旧的衣物使得他们在寒冷和黑暗中瑟瑟发抖。名叫"祭品"的神明创造了火为他们保暖，作为回报，他们用敌人的心脏向神献祭，由此挨过了漫长的黑暗，并带领基切玛雅人在危地马拉高地创建了自己的王国。

以上便是《波波尔·乌》里关于创世、造人的传说，以及基切玛雅人坎坷的建国史。

前文我们提到了创世神西皮亚科克和西姆卡内还有两个儿子，大儿子叫一乌纳普（One Hunaphu，请注意，这跟他的儿子英雄双兄弟之一的乌纳普名字很像），小儿子叫七乌纳普（Seven Hunahpu）。一乌纳普的妻子叫西巴奇雅萝（Xbaquiyalo），X-在玛雅语中是女士的意思，baqi 是骨头的意思，ya'是水的意思，连起来意为"水中的骨头女士"。有学者注意到尤卡坦玛雅语中，bak ha'（水中的骨头）意为"白鹭"，因此可以称一乌纳普的妻子为白鹭女士。一乌纳普和妻子白鹭女士生了两个儿子：大儿子一吼猴（One B'atz'），二儿子一艺术家（One Chouen）。B'atz'在基切玛雅语中是吼猴的意思，Chouen 来自尤卡坦玛雅语中的"chuen"，意为"艺术家"。弟弟七乌纳普不是叙述的重点，他独身一人，并未成家立业。两兄弟喜欢玩橡胶球[1]，而且水平颇高，每次玩的时候，有个猎鹰（天神的信使）都会来观看。没过几年，一乌纳普的妻子白鹭女士去世了。

有一天，两兄弟在地狱西巴尔巴（Xibalba）附近的地面踢球，球的威力太大，吵到了地下的死神们。冥界头领一死亡（One Death）和七死亡（Seven Death）召集所有的死神商量对策，最后决定诱杀两兄弟。他们派出四个猫头鹰信使，分别是箭头猫头鹰（Arrow Owl）、单脚猫头鹰（One leg Owl）、鹦鹉猫头鹰（Macaw Owl）和骷髅猫头鹰（Skull Owl）去召唤一乌纳普，说死神们想和他们一起球赛。两兄弟痛快地答应了，回家兴高采烈地告诉他们的母亲，母亲西姆卡内有不祥的预感，她偷偷地啜泣，但无法阻止兄弟俩的热情。走之前，两兄弟把橡胶球和护具藏了起来，并告诉一乌纳普的两个儿子一吼猴和一艺术家，让他们照顾好祖母。

于是，两兄弟踏上了前往西巴尔巴的路程。他们经过颤抖和幽咽的峡谷，蹚过蝎子河（Scorpion River）及血河（Blood River），来到通往地狱的十字路口。路口有四条路，分别是红色、黑色、白色和黄色。他们选错了路，来到死神们的宫殿，对着上面坐着的死神说道："早上好，一死亡"，"早上好，七死亡"。

---

[1] 关于橡胶球赛，下文还会详细介绍。

可惜，那是木头雕像。死神们哈哈大笑，并从心里认为已经打败了两兄弟。

"欢迎你们来到西巴尔巴，请坐！"死神指着一个石凳说道。

他们坐上去才发现这是一个被火烧得发烫的凳子。死神们又哈哈大笑。然后他们被带到一个黑屋里，并被告知有人会给他们送来火炬和烟草（吸烟是玛雅人非常古老的习俗，而且具有重要的仪式意义）。当火炬和烟草被送来时，已经被点着并所剩不多了，但到第二天黎明时他们需要把火炬和烟草送还给死神们。

等到了第二天，当死神们索要火炬和烟草时，他们什么也拿不出。于是，他们就被杀掉并用来作牺牲（Scarifice）。一乌纳普的头被割下来挂到路中间的一棵可可树上，剩下的身体连同弟弟七乌纳普一起被埋掉了。

细心的读者可能会发现，故事讲到这里我们的英雄双兄弟还未出现，而他们的父亲一乌纳普已经被杀掉了，这是怎么回事呢？原来，虽然一乌纳普死了，但他的头还挂在树上，并且，这棵树自从上面挂了一乌纳普的人头后，以前从来没有开花结果的它，竟然结出了满树的果实。令人惊奇的是，这些果实上都有一乌纳普的脸。死神们也颇有畏惧，下令不许砍伐这棵树，但也不让任何人靠近它。不过，叛逆者总是有的，这一天，死神之一——"被收集的血液"（Gathered Blood）的女儿血液女士（Lady Blood）好奇地来到了树下。当她想摘树上的果实时,一乌纳普的头颅突然喷了她右手一手的唾沫,于是,她顺利地怀孕了(这与中国古代传说各种神奇的怀孕方式有异曲同工之处)。这事被她父亲以及其他死神知道了,他们命令四个猫头鹰杀掉她,并把她心脏的血装到碗里。幸运的是,猫头鹰们同情她,用树的红色汁液代替鲜血骗过了死神们。

怀孕的血液女士逃到了地面上,并找到西姆卡内,表示自己是她的儿媳妇。西姆卡内当然不承认,不过经过重重考验,她最终还是接受了这个儿媳妇。没过多久,我们故事的主角——英雄双兄弟乌纳普和西巴兰奇终于出生了。不过,他们的祖母和哥哥们(前文提到的一吼猴和一艺术家)并不接受他们,并经常虐待兄弟两人。于是,两兄弟将哥哥们骗到一棵树上,并把他们变成了蜘蛛猴。

一天,两兄弟在玉米地里耕种时抓到一只老鼠,在即将被杀掉时,老鼠告诉他们:"你们不应该做农夫,你们有更重要的事情要做。"于是,老鼠把他们父亲和叔叔的事情告诉了兄弟俩。兄弟俩非常吃惊,并在老鼠的帮助下,找到了被他们祖母藏起来的属于父亲和叔叔的橡胶球和比赛护具。

自从两兄弟找到球和护具以后,跟他们的父亲一样,也特别喜欢踢球,这同样惹恼了西巴尔巴的死神们。死神们又派信使去召唤他们。走之前,他们在房屋庭院中心种了两棵玉米,并告诉他们的祖母:"如果玉米枯萎了,那就说明我们死了。"

跟他们的父亲一样，兄弟俩经过山谷和河流，来到了西巴尔巴。他们放出一只蚊子去叮咬死神们，当某个死神被叮咬后，其他人都会问他："某某，你怎么了？"通过这种方式，兄弟俩知道了所有死神的名字。当他们来到死神的宫殿时候，仆人指着座位上的雕像说："这就是死神们。"两兄弟说："这不是，这是木质的雕像。"然后他们向真正的死神们问候。

死神们请他们坐下，他们淡定地说："这不是板凳，这是一块烧得发烫的石头。"死神们有点没面子，把兄弟俩送到了黑屋里，给了他们点着的火炬和烟草，同样说第二天一早就收回。两兄弟很机智地把火炬和烟草熄灭了，用金刚鹦鹉的红色羽毛冒充火焰，骗过了死神。

死神们震惊了，觉得这两人不简单，问他们究竟是谁。兄弟俩说："我们自己也不知道啊。"死神说："那好吧，咱们一起球赛吧。"于是拿出他的橡胶球，这个球里面是匕首和刀片。两兄弟推辞说："我们自己带了球。"双方僵持不下，两兄弟准备离开。为了留住他们，死神们同意了用两兄弟的球。经过了几次球赛，两兄弟又逃过了几次陷阱。不过最后，在蝙蝠屋，乌纳普的头被死神蝙蝠砍了下来，挂在球场上。西巴兰奇当晚告诉兔子，第二天如果有球向你飞过来，你就直接偷走。第二天，当死神们追逐兔子时，西巴兰奇用南瓜把乌纳普的头颅换下来，并帮乌纳普重新接好了。

尽管英雄双兄弟挫败了死神们的许多陷阱和阴谋，但两人知道，自己终究难逃一死。所以当他们被召唤到一个窑炉上面，并被要求跳进去时，他们毫不犹豫纵身投入炉火中。他们的骨灰被撒入河中。但五天后，他们又复活了，并以人鱼的形象出现在了河里。两兄弟改换面容，扮成两个穷苦的孤儿。他们成了出色的魔术师，并在街上跳各种舞蹈。他们精彩的魔术可以把死去的动物复活，他们的舞姿是如此优美，以至于死神们都想一睹风采。于是，死神们把兄弟俩召唤到宫殿为他们表演魔术和舞蹈。

跳到兴高采烈处，死神们高喊："杀了我的狗，然后再复活它！"兄弟俩照办了。

死神们更高兴了："烧了我的房子！"死神—死亡的房子被烧毁，但马上又复原了。

死神们又高喊："杀个人，然后把他复活！"兄弟俩随手在围观的人中拉了一个，杀了他，把他的心脏掏出来摆在死神们的面前，接着他又被复活了。

死神们高兴坏了："杀了你们自己，我们想看看！"兄弟俩只能照办。西巴兰奇杀了乌纳普，把他的四肢切断，把头砍掉扔得很远，把他的心脏挖出来扔到树叶上。死神们开心畅饮，与西巴兰奇一同舞蹈。

西巴兰奇大喊一声："起！"乌纳普又复活了。

死神们已经疯狂了："杀了我们，再把我们复活！"

两兄弟当然求之不得。首先被杀掉的是头领—死亡和七死亡，但他们并没有被复活。其余的死神慌了，纷纷请求宽恕和原谅。

就这样，英雄双兄弟战胜了杀害自己父亲和叔叔的死神们。双兄弟来到父亲的头颅前，告知了他们战胜死神的故事。他们的父亲—乌纳普复活了，成了玉米神！英雄双兄弟则一个变成了太阳，一个变成了月亮。

这就是《波波尔·乌》的故事，假如我们回顾一些细节，会发现很多有趣的事情。

首先，玛雅人特别热衷于各种仪式活动，经常祭祀。《波波尔·乌》里面随处可见把某人或者动物当作牺牲的话语，而最好的祭品无疑是人的鲜血。原因在于，人类是创世神用自己的血液和玉米粉混合制成的，因而天生背负了神灵的"血债"，用俘虏甚至自己的血液献祭就是为了"还债"。

其次，玛雅人对于象征地位、财富的玉石或饰品特别重视。《波波尔·乌》里英雄双兄弟就是通过用玉米偷换鹦鹉嘴里和身上的玉石，由此将大鹦鹉击杀。和中国古人一样，玛雅人视玉（实际是翡翠）为代表身份和等级的奢侈品。目前所知，整个美索美洲，仅牟塔瓜河流域出产翡翠，而科潘正是因为毗邻此地且长时间控制翡翠资源而享誉玛雅世界。当然，可能也是为了争夺对翡翠资源的控制权，科潘与属国基里瓜之间爆发战争，最终导致了第十三王被俘杀，科潘也从此一蹶不振。

最后，玛雅人似乎对尊严、知识也特别重视。上文提到死神在戏弄了玉米神之后哈哈大笑，并认为已经战胜了玉米神。这种嘲弄、剥夺他人尊严的行为，在玛雅世界中似乎是生死攸关的。许多石雕和彩陶上刻画的俘虏均赤身裸体，恐怕亦是通过羞辱敌人的方式，来宣扬自己国王的赫赫功绩。

这些与世界观和信仰有关的故事和情节还将在我们接下来要讲述的圣巴特洛壁画中得到体现。

（二）最真实的"想象"

2001年3月，考古学家威廉·萨图尔诺（William Saturno）和他的团队在哈佛大学皮博迪博物馆的资助下，准备对危地马拉北部的拿阿屯（Naachtún）和杜斯拉古纳斯（Dos Lagunas）周边遗址的铭文纪念碑进行考察和记录，他肯定不会想到自己会因为这次考察而名扬玛雅学界。

考察之旅从一开始就不顺利，由于和当地向导的时间冲突，萨图尔诺临时改变了计划，他从向导口中得知，附近新发现了一个玛雅遗址，于是打算前去考察。这个新遗址叫圣巴特洛，刚被盗墓贼光顾。遗址位于危地马拉东北角的丛林之中。他们一路披荆斩棘，依靠向导手中的大砍刀，在丛林中步行了大约 20 千米才最终到达。此时已经是人困马乏，水尽粮绝，炎热和干燥摧残着他们的身体和意志。在向导去寻找水源的同时，萨图尔诺不得不拖着疲惫的身体在遗址建筑中寻找荫蔽。他钻进了一座金字塔底部盗墓贼新近挖掘的一个盗洞。无聊之下，他拿出手电筒扫视这个盗洞，在光线掠过处，似乎瞥见墙上有两个人像。他下意识地站起来，走近墙壁端详，没错，是绘在白灰面上的两个人像。著名的圣巴特洛壁画就这样被考古学家发现了。

碳十四测年数据表明这幅壁画的年代在公元前 100 年前后，这相当于玛雅前古典时代晚期，这个时期是玛雅文明形成的关键时期，这些壁画的重要性可想而知。两年后，萨图尔诺正式对遗址进行了发掘。结果表明，遗址面积大约为 1 平方千米，由 130 多座石质建筑构成，核心区建筑大致可分为四组，东部一组发现壁画的地方，被命名为"绘画建筑群"（西班牙语为 Pinturas Complex）。"绘画建筑群"的中心就是当年萨图尔诺发现壁画的一号建筑。经过解剖，发现一号建筑经历了至少七次建造过程。绘满壁画的房间是最早建的，被压在最下面，随着时间的推移，续建的晚期建筑叠压在一号建筑之上。当盗墓贼找到这个房间时，他们可能认为这是一座装饰华美的墓葬，可惜一无所获。盗墓贼破坏了部分壁画，但大多数被完好地保留下来，使我们能一睹前古典时代晚期玛雅人高超的艺术天赋。

绘制壁画的房屋墙高约 1.5 米，墙的外侧转角处以及门道两侧均绘有人像。墙的上方有高约 1 米的檐部，房间内的檐部用石灰涂抹，上有绘画。南部和东部的房檐已经损毁。房间共发现了五个门，其中建筑的正面（东墙）上有三个，北部和南部墙上分别有一个。正面的中心大门宽约 2.6 米，两侧各有一个小门，宽仅 1.3 米。所有的门都不高，约 1.4 米，意味着参观者必须弯腰或者跪着才能进出这个房间。

这些壁画被绘制于屋内墙上的檐部，按照主题可以分为三个部分：创世记、建国记和驯化记。

关于创世记的这部分内容位于西檐的南侧，包括了若干个场景，顺序为从北向南。我们首先对图像的细节进行解释，再整体讨论它所表达的意思。最初的场景是召唤主鸟神。主鸟神即《波波尔·乌》里的那只野心膨胀破坏世界秩序的大鹦鹉。在这一幅图像中，我们可以看见一只盛装的大鹦鹉正从天空的裂缝中飞出来，头向下，俯视下方的一个人。从整个壁画的比例看，这个人大约比正常人矮 1/2，嘴巴为鸭嘴形（也可认为他戴着鸭嘴形面具）。这个鸭嘴侏儒头顶和手臂上都长有羽毛，双手朝向天空，双腿微微弯曲，在草丛上手舞足蹈。侏儒头上方冒出曲线，看来他正在歌唱，召唤从天而降的大鹦鹉。类似的题材在古典时代经常出现，这个鸭嘴侏儒一般被认为是风神（Wind God）。因此这个场景描绘了风神召唤大鹦鹉的故事，在大鹦鹉下方还有两列文字。其中，左边较小的一列字可能是描述鹦鹉从天而降这一事件，可惜的是这个时期的玛雅文字与古典时代差别巨大，加上保存很差，目前还无法破译。右边较大的为日名"3 Ik"，应当是记录这件事情发生的时间。

往南的下一幅图案描绘了这样一个场景：大鹦鹉站立在一棵树上，周边鲜花盛开，树下有一人，正手持长矛刺穿自己的生殖器。紧接上一个场景，从天而降的鹦鹉已经站立在一棵树上。我们可以仔细观察一下它：头戴华美的王冠；口衔一条双头蛇，蛇头也用玉石装饰，正吐露气息；双翅张开，中间有象征刀片的箭头，左翅膀上有白天的标志（玛雅文字 K'in），右翅膀上的标志则为黑夜（玛雅文字 Ak'bal）；双爪孔武有力，紧抓树上的两个葫芦。一般认为，双头蛇与风、雨、雷暴联系密切。翅膀上的白天和黑夜的标志不禁让我们回想起《波波尔·乌》里面记载的，大鹦鹉自封为太阳神控制太阳起落的故事。鹦鹉脚下的葫芦，英文名为 Calabash，是可食用的葫芦的一种，与炮弹果有点像，据《波波尔·乌》的记载，这是大鹦鹉的食物。树下的人衣着简陋，身上无任何饰品，左手握生殖器，右手持长矛刺入，鲜血喷出滴到花上，草地上的鲜花盛开得格外鲜艳。这个场景反映的是以鲜花（香气）祭祀。接下来，再往南的一幅图像描绘了类似的场景：大鹦鹉仍然站立在树上，由于壁画被破坏，只能看见它的左翅膀；树下站着同一个人，背后挂了两只鸟，正用长矛刺穿自己的生殖器；他前方用三根木头支起一个支架，上面放了一只火鸡，火鸡的腹部放了三块石头，正冒着烟。与上一幅类似，这个场景是以火鸡祭祀。大鹦鹉的头饰掉落；它嘴里的双头蛇其中一个已经耷拉着脑袋，表明这一个头已经死了；此外翅膀上白天和黑夜的标志也不见了，说明它不再具有控制时间的力量。这暗示通过树下人的祭祀，大鹦鹉的力量被削弱了。而树下的祭祀者多了头饰和耳饰，表明他的力量得到了增强。前文说过，《波波尔·乌》体现了玛雅人对于玉石饰品的重视，这一观念在壁画中得到了很好的表达。

接下来的图像中，祭祀的动物被换成了鹿，它的肚子被剖开，放入了三块圆石，内有青烟冒起。旁边的祭祀者站在地面上，身后背着一只小鹿，同样正用长矛刺穿生殖器。与上一幅图的祭祀者相比，他有了一点变化，即脖子上多了一块环形饰品，意味着他的力量又增强了。而大鹦鹉又遭到了重挫，它嘴里的双头蛇已经全死了，其中一个头甚至被斩断，鲜血汨汨而出。

最后一幅图像是表示用鱼祭祀，场地也换到了水中，祭祀者和祭祀所用的木架均被置于黑白相间的水波之上。这一幅壁画被破坏严重，仅能看出鱼的肚子中放置了五块圆石。另外，祭祀者全身长满了黑色的斑点，就像美洲豹一样。这不禁让我们想起《波波尔·乌》中用吹筒枪击杀大鹦鹉的乌纳普，他也是全身布满了黑色斑点。

西檐南侧保存下来的壁画仅描绘到用鱼祭祀的部分，整个故事似乎并未讲完。幸运的是，考古学家在清理房屋地面的时候，于西南角发现了一些壁画残片。残片可见同一个全身布满黑色斑点的人手持长矛，但并未刺穿生殖器，表明他没有进行祭祀活动。值得注意的是，他身后背了一只鸟，正是死去的大鹦鹉。从残片位置和绘画风格来看，这与上面介绍的壁画内容应当是连续的。这样，整个故事才算完整。

圣巴特洛壁画与《波波尔·乌》里记载的故事十分吻合，但也有一些不同的地方。壁画中击杀大鹦鹉的只有一个人，有研究者认为他就是乌纳普，也有人认为他只是在模仿乌纳普。此外，壁画中大鹦鹉并非被吹筒枪击中而亡，而是在人用鲜花、鸡、鹿和鱼的祭祀过程中逐渐丧失了象征权力和力量的饰物，最后才死去的。当然在这个过程中，都伴随着祭祀者用长矛刺穿自己的生殖器，并把鲜血洒在地上的仪式。

另外，除了《波波尔·乌》，圣巴特洛壁画还与《德累斯顿抄本》（*Dresden Codex*）中关于创世的记载尤其吻合。[3] 在《德累斯顿抄本》中，世界有四棵树，代表了东、南、西、北四个方位。而这四棵方位树的设置，就是用香（Incense）、火鸡（Turkey）、鱼（Fish）和鹿（Deer）祭祀的，并且需要洒上鲜血。东方树以香祭祀；南方树以火鸡祭祀；西方树以鱼祭祀；北方树以鹿祭祀。在圣巴特洛壁画中，祭祀所用火鸡和鹿的肚子里都放置着三块圆石，在《德累斯顿抄本》中也能见到。这三块圆石被称作"三石灶"，与设置世界树（四方）和中轴线（中心）有关；琳达·布朗（Linda Brown）则认为与之类似的"五石灶"象征世界的更新和时间的重置。[4]

图68　《德累斯顿抄本》中的祭祀场景

（左上：以香祭祀，右上：以火鸡祭祀，左下：以鱼祭祀，右下：以鹿祭祀）

建国记绘于房屋西檐北侧和北檐西侧，分为两个部分。

第一部分讲述了玉米神死后重生并加冕为王的故事。在第一幅场景中，玉米神脖子上缠绕着一条珊瑚蛇，正投入水中。"进入水中"是玛雅人对死亡的另一种表达方式。王米神下方的黑色条带上写着意为"水"的玛雅文字"Le"。而下一幅场景，玉米神已在象征大地的龟壳中翩翩起舞。他双腿弯曲，左手夸张地张开，右手高举棍状物体，似乎正在敲击胸前的龟壳。左右各有一人，盘腿而坐，正欣赏玉米神的舞姿。玉米神即将破龟壳而出，完成重生之旅。同中国古人一样，玛雅人同样以龟象征大地。再往南，玉米神已经重生了。这里需要仔细看才能发现，因为他已经变成了一个非常可爱的玉米神——婴儿玉米神。需要说明的是，在美索美洲这种怀抱婴儿的题材并非玛雅独有，奥尔梅克文明中尤其常见，不过怀抱的婴儿都是有美洲豹面容的婴儿（Baby-Jaguar）。

接下来的图像描绘了玉米神加冕的场景。图中的两个人物以及王座均是离开地面，浮在空中，这说明加冕仪式并非在地面进行，也说明了被加冕的必然是神灵而不是凡人。往南的图像紧接着加冕的场景，此时，玉米神已经成为天地间的"王"。他头戴王冠，右手持矛，站在中心世界树下，树上大鹦鹉赤身裸体，羽毛凌乱，神情没落。这幅图案既象征了权力的交接，也象征玉米神设立了新的世界秩序，发掘者萨图尔诺认为这个新秩序就是农业。

玉米神重生、加冕的故事就结束了，接下来的场景挪到了西檐北侧和北檐西侧，主要表现人间君主的出生和加冕。北檐西侧的图像描绘了一个成人和五个婴儿。左边五个婴儿呈方形分布，中心的婴儿正从葫芦中破壳而出。这五个婴儿可能也象征了世界的五个方位，中心的婴儿等级最高，也最重要。他一出生便戴着发带和饰品，腰间也有装饰，其余的四个则赤身裸体。右边站立了一个成人，他左手怀抱某种弯曲的权杖，身着华服，头戴蛇冠，蛇的口部伸出一个吊坠，上面写着"Ajaw"（玛雅语，意为"领主"）。面部由于被雨水侵蚀，模糊不清，但上述细节表明他至少是一个"王"。他举起右手，食指指向左侧，正在见证葫芦中那个特别婴儿的诞生。

让我们再转到这幅图案的左边。画面中有两个成人，右边的成人同样几乎一丝不挂坐在王座之上。他头上的发带和耳朵上的饰品与上一幅图案中的中心婴儿的装饰一致，怀抱的弯曲权杖则与上一幅图像里成人手中的权杖类似。我们有理由相信他就是上一幅图案里，中间那个婴儿长大后的样子。左边的成人正走上王座为右边的成人戴上王冠，前者头戴鹦鹉形状的冠饰，应当也是一名国王。他嘴巴周围长满胡须，表明他年纪较大，我们推测他是右边王座上年轻人的父亲。

这种在父亲或者父母见证下登上王位的例子在玛雅文明中数不胜数。在帕伦克发现的一块石板上，刻着西猯[1]王（K'inich K'an

---

[1] 西猯是分布于美洲的珍稀动物，外形及习性和野猪非常相似。吻部发达，有拱地掘食的习性，嗅觉灵敏，性格粗暴凶猛，遇敌鬃毛竖立。

Joy Chitam Ⅱ，意为"被绑起来的珍贵西猯"）加冕的场景。中间端坐的就是西猯王，与圣巴特洛壁画中的王子一样，基本没穿什么衣服。在他的左侧就是他的父亲，鼎鼎大名的帕考王，正手持象征了政治权力的王冠看着自己的儿子。西猯王的母亲（Lady Tz'akbu Ajaw）坐在右侧，双手托着一个盘子，盘子内放置的是雕刻了玛雅主神之一卡威尔的黑曜石刀和人面盾牌，象征了武力和战争。

回到圣巴特洛壁画中的第二个加冕场景，值得注意的是，这个仪式是在地面进行的，可以认为被加冕的是人间的君主。整个仪式与前文所述的玉米神的加冕非常接近，应是对前者的模仿和再现，或者说人间的国王把自己想象为玉米神。玛雅人认为玉米神建立了世界秩序，成为宇宙"王"，而人则通过这种类似"君权神授"的方式，成为世俗世界的"王"。

驯化记被绘在房屋北檐，描绘了玉米神在一个山洞口，将玉米粽和葫芦交给人类的场景。山洞口被描绘为张开的兽嘴，玛雅人认为万物均是从这个山洞中出来的，因此这座山被称作"起源之山"。山上布满了奇花异草，蛇、鳄鱼、美洲豹和鸟等动物现身其间。洞口的玉米神正从侍从手中接过葫芦和玉米粽，并交给跪在他右侧的两名裸女。玉米粽和葫芦象征了作物（特别是玉米）的驯化，表达了玛雅人心目中农业起源的另类方式——来自玉米神的馈赠。

圣巴特洛壁画绘制生动，颜色鲜艳，线条流畅，细节饱满，是玛雅艺术中不可多得的珍品。更为重要的是，它为我们了解前古典时代玛雅人的世界观和文明构建方式提供了珍贵的资料。对于考古学乃至整个历史学科而言，人类起源、农业起源和国家起源是当前研究最为重要的三个课题，也是人类文明的根基所在。而在圣巴特洛壁画中，这些话题均有涉及，并以图像的方式进行了解答。

玉米神无疑是玛雅人最重要、最根本的神祇，他建立了世界的秩序，教会了人们驯化和利用作物。玛雅的国王们把自己看作人间的玉米神，他们以玉米神的行头打扮自己，并制成雕刻永垂后世；在一些仪式中，他们模仿玉米神所经历的，从生到死再重生的英雄历程。这种通过神话的方式构建起最基本的世界观，并以此为蓝本论述君王统治合法性的行为，应当是玛雅文明独特的密码。

令人费解的是，这些想象何以如此具体、生动。壁画中的人物表情和神态栩栩如生，服装、饰品等刻画得细致入微，以至于我们很难把这当成一种虚构，似乎绘者亲身经历了这些场景。玛雅人以这种惊艳的艺术表达形式描绘出他们是如何构建自身文明体系和政治体系的，相信进入这个房间观看过壁画的人无不被深深震撼。并且，这些建立在纯粹想象力之上的构建竟然是如此具有生命力，直至王国灭亡数百年后，这些独特的文明符号依然深深刻印于玛雅后裔的基因之中。

（三）天界与花山——玛雅贵族的归宿[1]

玛雅人热衷于对死后世界进行描述。通过一些保存至今的图像和文字，我们可以一窥玛雅人的思想体系，以及这一套体系是如何构建与运行的。玛雅人面对死亡并不回避，相反，他们认为，死后重生才是达到永恒的途径，但重生后归于何处，玛雅人却又语焉不详。

要知道玛雅人的死后世界，首先要对他们关于宇宙构成的看法有所了解。玛雅人认为，宇宙有三个层级，可称为"三重宇宙"，即天界、人间和地下。

天界自然是天空之上，在图像中，一般以"天带"（Sky Band）为标志。"天带"呈长方形，内绘有表示日、月、金星等天体的玛雅文字符号。这样的描绘是表现天界的自然属性，日月星辰的运行都在于此。但是，除了自然属性以外，天界还有更重要的社会属性，它有时会象征神的寓所，具有更高等级的含义。在圣巴特洛壁画中，法力无边的大鹦鹉就是从天界降落的，神话《波波尔·乌》里记载它珠光宝气，自称太阳，控制了宇宙秩序。

---

[1] 原文刊于《中国社会科学报》2019年9月5日第1772期。

科尔数据库收录的 K1183 号陶杯上，描绘了英雄双兄弟向智慧神伊扎纳进献珠宝，三人所处位置正是在"天带"之上，而伊扎纳更是坐在身体刻有星象标志的双头蛇形榻上。这些细节均表明这一场景刻画的正是天界。伊扎纳和大鹦鹉本身关系密切，而有关天界的图像中少见其他神祇，这可能暗示了伊扎纳和大鹦鹉的神殿就居于天空之上。

人间是现实的世界，为生者所居。但在一些图像中，人间会以"地带"（Earth Band）为标志。与"天带"一样，形状亦为长方形，但内部描绘的则是表示大地的符号。

玛雅人将地下世界称为西巴尔巴。这里是冥王居住的地方，阴森恐怖，危险重重。神话《波波尔·乌》着力描述了英雄双兄弟为了拯救父亲玉米神而勇闯地狱的故事。因此，对于地下世界的表现，玛雅人着墨最多。特别是墓葬中随葬的大量陶杯上，均以彩绘或雕刻表现玉米神在地狱罹难和英雄双兄弟战胜冥王并拯救父亲的场景。如 K688 号陶杯，陶杯图案底色纯黑，象征幽暗的地狱，玉米神赤身裸体被冥王置于祭祀盘上正准备牺牲。而另一件陶杯（编号 K595）上则描绘了玉米神从幻蛇（Vision Serpent）口中探出身体，旁边的死神左手持矛，右手抓着玉米神的头发，正准备将其刺死。

除了玉米神的牺牲以外，英雄双兄弟在地狱战胜冥王的故事也是玛雅艺术经常表现的，如 K7795 号陶杯就刻画了双兄弟战胜冥王的场景。这些图案所表达的内容,在后来的《波波尔·乌》中都有相似的记载。

当然,除了这些恐怖场景外,与地下世界相关的元素也是玛雅艺术着力表现的内容。如水、睡莲、海螺、鱼、雨神(住在水中)和美洲豹(夜晚太阳神)等,均是玛雅艺术中关于地下世界常见的表达方式。

囿于资料所限,此处讨论的对象都是国王和贵族等能够留下丰富考古资料的高等级人群。

死后重生是玉米神获得永恒的方式,大量的图像资料都在反复表现这一主题。这种观念也和日常生活息息相关,具体来说,就是农业生产的循环——玉米的重生(收割和耕种)。关于玉米神的住处,玛雅人并未有明确的表述。我们从图像资料中也找不到相关信息,似乎玉米神不知居于何处,而又无处不在,但他死后沉入地狱则是毫无疑义的。在经历地狱艰险并被英雄双兄弟拯救后,他从地下破壳而出(类似玉米发芽),完成重生,重归神位。

基于这样的神话理念,国王和贵族也会在死后重生,继而达到永恒。但他们重生以后,显然无法重回世俗的权位。那么,他们死后去了哪里,就是一个值得研究的问题。

一种可能是升入天界。我们在雅什奇兰4号纪念碑上注意到一个细节。雅什奇兰4号纪念碑由三部分组成,最下面是一只大地之兽，其眼睛上的水珠和海螺壳式的耳朵，表明这其实是在表示地下世界。纪念碑中间部分是站立的三个人，可惜这部分已被破坏，但推测他们应为竖立纪念碑的君主。这三个人似乎正在进行某种仪式，左侧那人的前方放置了捆扎的包裹，应为进献的祭品。他们的头顶就是"天带"，上面也有三个人物，中间为雨神查克，两侧的人拿着仪式棒，分别身处象征太阳和月亮的环圈内。从这两人衣着和面貌看，很明显是人而非神。他们是谁？在雅什奇兰 10 号纪念碑上也发现了类似的图像，从其文字可知，天界上的两人分别是国王的父母。这一细节告诉我们，玛雅国王死后可以重生并升入天界。

第二种可能是进入花山（Flower Mountain）。帕伦齐著名的帕考墓的石棺两侧，雕刻了一组图案，表现了帕考的祖先从地下裂缝中重生的场景。奇怪的是，这些祖先国王们的身上、背后都长出了可可树的叶子。这种人或动物化身为树的现象，在古代美索美洲艺术表达中并不罕见，奥尔梅克时期即有类似的雕刻。帕考石棺两侧的图像很明显是想表达祖先的死后重生。

那么，化身为树的祖先居于何处呢？柏林民族学博物馆收藏的一件陶杯为我们提供了答案。这件三足陶杯整体呈黑色，器身以线刻和浅浮雕的技法，表现了国王（也有研究者认为是玉米神）死亡及其重生的场景。其中一幅画面的中心躺着一名死者（国王），他的身上被打了九个结，周边的人神情哀痛，正悼念国王的去世。而在此幅画面的背面，有一座神庙式的山峰，山上有神鸟、羽蛇、美洲豹等猛兽。山底下有一具人骨，联系上一幅画面，我们有理由相信这具人骨正是死去的国王。而在人骨上部，三棵人形可可树赫然而立，中间那棵的人物装饰与死去的国王一模一样，他应当就是死后重生化为可可树的国王。由此我们知道，国王死后可以化为可可树长在神山中，图像学家卡尔·陶布（Karl Taube）认为，这座神山就是花山，即万物起源之山。

玛雅国王和贵族死后重生以至永恒是对玉米神的效仿，但他们的去处却一直不甚明了。因为他们无法像玉米神重归神位一样，再返回现实世界称王。因此，生者不得不将祖先安放到比现实世界更崇高的位置，而升天居于天界和化身为可可树长在神圣的花山，就成为他们尊崇祖先的选择。

参考文献

1. Christenson, A. J., *Popol Vuh: The Sacred Book of the Maya*, Norman: University of Oklahoma Press.
2. Fash, B. et al., 1992, "Investigations of a Classic Maya Council House at Copan, Honduras", *Journal of Field Archaeology*, Vol. 19, No. 4, pp. 419-442.
3. Author Unknown, 2015, *The Dresden Codex: Full Color Photographic Reproduction*, CreateSpace Independent Publishing Platform.
4. Brown, L. A., 2004, "Dangerous Places and Wild Spaces: Creating Meaning with Materials and Space at Contemporary Maya Shrines on El Duende Mountain", *Journal of Archaeological Method and Theory*, Vol. 11, No. 1, pp. 31-58.

第七章 文字与历法

（一）破译玛雅文字——那些天才考古学家

玛雅文明为何如此神秘？是因为它们匿身于丛林之中数百年不为人所知？或是因为它们在天文、历法、艺术上取得的一些令人意想不到的成就却又突然销声匿迹？不管如何，有一个原因不能忽视，那就是雕刻在石碑上的玛雅文字始终吸引着人们去探索和破译，至今不息。

从公元9世纪前后开始，玛雅世界开始衰落，大部分城邦被废弃。到了公元13世纪，随着奇琴伊察和玛雅潘等后古典时代城邦的废弃，玛雅文明逐渐消失。城市的建筑开始被丛林吞没，高大的金字塔和纪念碑不再修建，玛雅文字也逐渐失传。到了16世纪，当西班牙人来到中美洲时，能释读玛雅文字的祭司已经寥寥无几。随着西班牙殖民者的文化入侵，强制推行西班牙语和拉丁语，到19世纪人们再度发现玛雅文明时，已经没有人可以释读这些古老的文字了。幸运的是，数百年来，经过考古学家和语言学家们的努力，今天，大约有90%的玛雅文字已经被破译。

对于破译未知语言来说，天赋可能比勤奋更重要。古埃及文字能够被破译，大部分功劳要归于语言学家商博良（Jean-François Champollion）。面对著名的罗塞塔石碑，这位天才展现出不同寻常的一面：在大多数人都认为埃及文字均为表意的象形文字时，他敏锐地注意到这种文字实际上应当是由表意和表音的符号构成，由此成功破译了埃及文字。可惜的是，他英年早逝，来不及为玛雅文字的破译贡献自己的才智。不过，在玛雅文字长达数百年的破译历史中，也有不少天才考古学家闪耀其间，在本节，我们将介绍他们的卓越成就，并揭开玛雅文字破译的历史。

1. 罪人与功臣——兰达

迭戈·德·兰达·卡尔德隆（Diego de Landa Calderón），1524年11月12日出生于西班牙西丰特斯。1541年，兰达成为西班牙一名方济各会传教士，并于1547年被委派到尤卡坦进行传教活动，他也是第一位踏上尤卡坦半岛土地的传教士。

兰达是一名狂热的基督徒，面对玛雅后裔，他展现出殖民者残忍的一面。成千上万的土著被抓住、折磨并杀害，罪名是"魔鬼崇拜"。而那些珍贵的玛雅图文资料也被视作"魔鬼的文字"被付之一炬。在1562年，兰达烧毁了成百上千的玛雅书籍，如今，全世界幸存下来的玛雅抄本文书一共才四本，它们都是最珍贵的玛雅文献。

图 69 兰达和"兰达字母表"

兰达的暴行引起其他传教士的不满，他被召回国内审判。为了给自己辩护，1566 年，在返回西班牙的路上，他将自己在尤卡坦半岛的笔记整理成书，取名为《尤卡坦记事》(*Ralacion de las cosas de Yucatan*)。[1] 在书中，他详细记载了尤卡坦半岛玛雅后裔的生活情况，包括历法、仪式等重要活动。他在当地会说玛雅语的祭司的帮助下，将部分玛雅字符的读音以西班牙语记录下来。兰达并非语言学家，也不知道语言符号有表音和表意的差别，在他看来所有的语言符号均是表音的。得益于他的无知，这页被称作"兰达字母表"的纸，成为日后破译玛雅文字的关键。

不过，兰达这本重要著作很快被人遗忘，同样被遗忘的还有在丛林中的玛雅文明。

2. 重新发现玛雅——斯蒂芬斯

约翰·劳埃德·斯蒂芬斯，1805 年出生于美国新泽西，父亲是一名成功的商人。13 岁那年，他进入哥伦比亚学院，四年后以优异的成绩毕业。在跟随一名律师学习法律一年后，他进入里奇菲尔德法律学院，并通过考试，成为一名律师。

1834 年，斯蒂芬斯登上前往欧洲的轮船，随后造访埃及、黎凡特等地区，并写下《埃及、佩特拉阿拉伯和圣地发现之旅》(*Incidents of Travel in Egypt, Arabia Petraea, and the Holy Land*)[2] 和《希腊、土耳其、俄罗斯和波兰发现之旅》(*Incidents of Travel in Greece, Turkey, Russia and Poland*)[3] 两本著作。结束欧洲之行后，史蒂芬斯

图 70 斯蒂芬斯和他的著作（素描图为科潘 N 号纪念碑）

受探险家亚历山大·冯·洪堡（Alexander von Humboldt）和胡安·加林多的影响，开始对玛雅文明产生浓厚兴趣。

1839年，受命于美国总统马丁·范·布伦（Martin Van Buren），斯蒂芬斯出任美国驻中美洲特别大使。这一年，他和他的探险伙伴弗雷德里克·卡瑟伍德第一次钻进洪都拉斯的丛林中，在密林深处，他们发现了高大的金字塔、精美的纪念碑和祭坛，这就是著名的科潘遗址。就这样，玛雅文明又一次被发现了。有趣的是，据斯蒂芬斯回忆他仅花了50美元就从当地人手中买下了整个科潘遗址，并考虑把所有纪念碑都运回美国，如果真是如此，那恐怕我们今天只能去美国看科潘"遗址"了。然而，最近发现的有斯蒂芬斯签字的合同原件表明，他并未真的买下科潘遗址，只是租赁了3年，这给了卡瑟伍德充足的时间把这些纪念碑都仔细临摹下来。

1941年，斯蒂芬斯出版了他的第一本中美洲游记《中美洲、恰帕斯和尤卡坦发现之旅》（*Incidents of Travel in Central America, Chiapas and Yucatan*）[4]，1843年又出版了《玛雅秘境》（*Incidents of Travel in Yucatán*）[5]，凭借卡瑟伍德出色的绘画技术和斯蒂芬斯优美的文笔，这本书立刻成为当时的畅销书，引发了西方民众对玛雅文明的热情。

3. 先行者——拉菲内克-施马尔茨和弗斯特曼

出生于君士坦丁堡郊区加拉塔的康斯坦丁·萨米埃尔·拉菲内克-施马尔茨（Constantine Samuel Rafinesque-Schmaltz），是法国 19 世纪的通才。他父亲是来自法国马赛的商人，母亲是出生于伊斯坦布尔的德国人后裔。他在动物学、植物学、气象学、地质学、人类学、语言学等方面都作出了很大的贡献。他通晓多种语言，在写作、翻译方面也有许多成就。1832 年，拉菲内克-施马尔茨发现幸存的玛雅抄本中有大量的圆点和横杠，他认为这就是玛雅人的数字。这些圆点的数量没有超过四个的，他意识到一个圆点表示 1，一个横杠就应当是表示 5。这灵光一闪间的成就看起来有些平常，但它却非常重要，因为这是第一次有人破译了玛雅文字！

恩斯特·弗斯特曼（Ernst Förstemann），1822 年出生于东普鲁士。1865 年，他出任德累斯顿图书馆馆长，这里珍藏着著名的《德累斯顿抄本》。1880 年，他出版了《德累斯顿抄本》的摄影本，并在此之后的 14 年中，几乎每年发表一篇玛雅文字研究的论文，以一己之力撑起整个玛雅文字的研究。弗斯特曼的成果丰富，包括对 260 天的卓尔金历的月名和数字用法（20进制）的破译，对金星[1]运行表格的破译等。最重要的是，他发现抄本中那些较长的数字（一般为五位），其实是对过去天数的回溯，这就是著名的玛雅长历。

图71　康斯坦丁·萨米埃尔·拉菲内克-施马尔茨（左）和恩斯特·弗斯特曼（右）

大约在同时，有人发现玛雅文字的书写是从左向右，从上往下，两行两行地进行。此外，还有关于方向和颜色的辨识也在这个时期完成。

纵观19世纪，对于玛雅文字的破译主要取得以下成果：数字

---

[1]　金星与战争密切相关，在玛雅社会中非常重要。

(0—20)、方向和颜色、金星运行表、历法（包括长历）已被破译。不过，这些尚未触及玛雅文字的核心内容，那些长篇铭文究竟讲了什么，没人知道。并且，所有这些破译都没有涉及语音方面的问题，对于那些破译的文字究竟怎么发音，研究者们一头雾水。尽管兰达字母表上标注了一些读音，但那些具有读音的字符仅仅是铭文所见玛雅文字的一小部分，大量形态复杂的文字仍然没人能够读出来。

4. 记录者——莫斯莱

在19世纪早期，对于玛雅文字的破译来说，资料的缺乏始终是个棘手的问题。尽管不断有人深入丛林考察并记录一些文字资料，但是他们拍摄的照片都模糊不清，临摹的文字往往被临摹者曲解，比如表示美洲豹的文字被误临摹为大象。这些资料不仅没帮上忙，反而造成了破译工作的混乱。这种情况一直到19世纪末才得到改变，这要归功于一个叫莫斯莱的英国人。

阿尔弗雷德·珀西瓦尔·莫斯莱，1850年出生于伦敦郊外的一个富裕家庭，其祖父和父亲都是工程师。莫斯莱从小就接受了良好的教育，18岁进入剑桥大学学习植物学，毕业后他进入医学院，立志做一名医生，不幸的是，他后来因急性支气管炎被迫辍学。1872年，他因为一项植物田野调查，和哥哥游历了危地马拉、巴拿马、墨西哥等国家。离开医学院以后，他来到特立尼达，成为总督的私人秘书。在1874—1880年，他辗转于澳大利亚、新西兰、斐济、萨摩亚群岛等地，担任殖民地的行政官员职务。

图72　1889年在奇琴伊察工作的莫斯莱

从 1880 年开始，莫斯莱辞去行政职务，投身于他热爱的考古行业。他首先来到基里瓜和科潘，在当地向导的帮助下，他雇用了大量的工人帮助清理遗址上的树木和杂草，并收集散布地面的遗物。他采用干版摄影技术，留下了大量珍贵的高清照片，并且雇用了一位意大利专家为他制作雕刻和铭文的拓片。这些照片和拓片在很长一段时间内都是研究玛雅和玛雅文字的重要参考资料，至今仍有很高的价值。

1902 年，莫斯莱终于得到许可前往墨西哥的瓦哈卡谷地调查蒙特阿尔班遗址。可惜的是，早在两年前，莫斯莱的家族公司因经营不善破产，他失去了经济来源。他也试图申请卡内基研究所的基金，但是未能成功，他因此最终无法返回中美洲的密林之中。

莫斯莱于 1931 年去世，他的那些关于玛雅文明遗址的照片、拓片、绘图和遗物如今藏于哈佛大学和大英博物馆。

5. "学阀"——汤普森

约翰·艾瑞克·悉尼·汤普森（John Eric Sidney Thompson）爵士，1898 年出生于英国伦敦，父亲是一名出色的外科医生。1915 年，汤普森参加了第一次世界大战，一年后因伤返乡。战争的残酷使得汤普森下决心要寻找一种"平静"的生活。于是，他来到阿根廷，在一个私人农场打工。1920年，他回到伦敦，出版了自己的第一本书《牛仔的经历》（*A Cowboy's Experience: Cattle Branding in the Argentine*），讲述了他在阿根廷的生活。[6]

在回到英国以后，汤普森进入剑桥大学学习人类学。毕业以后，他写信给正在奇琴伊察主持发掘的莫里教授，希望能够去参加发掘工作。莫里同意了他的要求，因为汤普森说他可以看懂玛雅文字中的日期。在墨西哥和伯利兹住了一段时间后，汤普森对玛雅文化深深着迷。他参加了大量的考古和民俗方面的调查研究，出版过很多非常有影响力的著作，包括《玛雅文字介绍》《玛雅文字目录》《玛雅文明的兴衰》《玛雅历史和宗教》等。其中最著名的是《玛雅文字目录》一书，至今仍然是玛雅文字学家必看的参考书。[7]在书中，汤普森把玛雅所有的文字拆成800多个字符，并根据其形态差异，进行归纳分类。

汤普森辨认出大量有关日历和数字的字符，和这些字符的变化形态。他认为玛雅文字总是在书写天文、历法和神祇等。玛雅人关注的焦点是"时间"，纪念碑上的人物是玛雅的祭司和神祇，文字描述的是神秘的天堂。

20世纪30—60年代，汤普森被国际学术界视为玛雅文字的权威。但他固执保守，坚持认为玛雅文字是纯表意的象形文字，并且认为玛雅文字没有什么系统性可言，全是日期和天文方面的内容，因此是不可破译的。汤普森不接受甚至打压其他学者的不同意见，这使得玛雅文字的破译工作进入了一条死胡同。

而这一切，将会被一名误入考古领域的女性考古学家所打破。

6. 挑战者——普罗斯科里亚科夫

1909 年出生于俄罗斯唐斯克市的塔季扬娜·普罗斯科里亚科夫是一名女考古学家，六岁那年，她随家人迁居至美国俄亥俄州，不久又迁到宾夕法尼亚州的兰斯顿小镇。一年后，俄国革命爆发，她们全家因此滞留并永久居住在那里。

普罗斯科里亚科夫天资聪慧，三岁即能熟练阅读，并逐渐显现出绘画天赋。1926 年，她进入宾州大学建筑专业学习，四年后，以专业中唯一的女性身份毕业。不巧的是，她一毕业就赶上经济大萧条，无法找到工作。幸好她看见宾大博物馆贴出的一张招聘广告，招聘工作人员前往危地马拉的彼德拉斯·内格拉斯遗址进行遗址的绘图工作。凭借出色的绘图功底，她得到了这份工作。在彼德拉斯·内格拉斯，她展现出过人的绘图天赋，总是能根据废墟的形态精准地复原出建筑的原始面貌。

在将近 20 年的时间里，普罗斯科里亚科夫是玛雅考古领域唯一的女性，但她的成就丝毫不逊于同时代的男性考古学家。1958 年，她进入哈佛大学皮博迪博物馆工作，在那里她撰写出了震惊玛雅学界的学术论文。

普罗斯科里亚科夫当时在皮博迪博物馆整理彼德拉斯·内格拉斯遗址的纪念碑铭文,她按照铭文中记载的纪念碑的竖立时间,将它们排成序列。她发现这些纪念碑基本每隔五年左右就会竖立一个。除了这些日期以外,她还在纪念碑的铭文中发现了一些奇怪的日期。之所以奇怪,是因为这些日期后面都有一个相同的文字,即一个被布带捆住的鸟头。这个符号在汤普森的玛雅文字目录中也有记载,但是汤普森根本不知道它是什么意思。普罗斯科里亚科夫还发现,在这个符号前面,往往还有另外一个日期,后面紧接着一个歪的鬣蜥头。

这两个符号究竟是什么意思?当她把所有的日期都列到一个序列表上时,普罗斯科里亚科夫突然发现了规律。在同一个纪念碑中,鬣蜥头和鸟头之间的时间差总是在 12—31 年之间;前一个纪念碑中的鬣蜥头和下一个纪念碑中的鸟头的时间差总是在 20—60 年之间,从来没有超过 60 年。

普罗斯科里亚科夫突然意识到,鬣蜥头代表的应该是出生日期,而鸟头代表的则是获得王位的日期。这样一来,彼德拉斯·内格拉斯的玛雅王登基的年纪在 12—31 岁左右,每个国王的寿命不超过 60 岁,这完全符合古代玛雅人的年龄规律。

这个天才的发现表明这些纪念碑并非如汤普森所说的,记载的都是数字、天文等内容，而是实实在在的城邦国王的生平。那些纪念碑上的人物都是真实存在的国王和王后，并且这些图像往往是与铭文相匹配的。因为普罗斯科里亚科夫的工作，玛雅王国的历史仿佛突然变得可以触摸。

著名玛雅学家麦克·D. 科后来回忆道："我当时腿在发抖，激动地说，塔季扬娜，你做到了，这是有史以来最伟大的发现。"普罗斯科里亚科夫将她的论文寄给当时的玛雅文字权威汤普森。汤普森告诉她，那是不可能的，玛雅文字里没有记载历史的内容。结果，第二天汤普森打电话告诉她："塔季扬娜，你是对的。"

这篇论文彻底改变了玛雅文字的研究，玛雅文字学家们从此意识到，他们真正是在破译玛雅文明的历史。

1985 年，普罗斯科里亚科夫逝世于麻省剑桥，享年 76 岁。13 年以后，为了纪念她对玛雅研究做出的杰出贡献，考古和铭文学家大卫·斯图尔特将她的骨灰带到危地马拉，埋葬于彼德拉斯·内格拉斯遗址 J23 号建筑内，这也是她考古生涯开始的地方。

7. 独辟蹊径——克诺罗索夫

尽管普罗斯科里亚科夫等人的研究将玛雅文字的破译推向一个新的领域，但是，有个问题始终没有解决：这些文字的读音是怎么样的？学者们明明知道一些地名和人名，可就是无法读出来。当然，还有更多的文字，仅从字形上根本猜不出是什么意思。这个难题仍然是被一名俄罗斯学者解决的，尽管他的工作长时间内不为玛雅学术界所知。

尤里·瓦连京诺维奇·克诺罗索夫（Yuri Valentinovich Knorozov），1922 年出生于乌克兰的哈尔科夫市，父母均是知识分子，祖母是亚美尼亚一名国家级舞台演员。克诺罗索夫从小就调皮贪玩，学习成绩一般，甚至因为一些故意的恶劣行径，差点被开除。但是，他在学术上有好奇的特质，能够准确地注意细节。他经常写一些浪漫的诗歌，并且小提琴拉得特别好。17 岁时，他前往莫斯科大学学习民

图 73　邮票上的克诺罗索夫

族学，他最初选择的专业领域是埃及学。1941年第二次世界大战东部战线开战，他身体不好，暂时被免除了兵役。1941—1943年，他和家人住在德占区，为了防止被德军征召，他辗转于各个村落间，靠当教师为生。1943年9月，他和家人一起回到莫斯科，继续埃及学研究。然而，1944年他被强征入伍，所幸因为父亲是上校，给他安排了一个话务员的职位，就驻扎在莫斯科附近。

传说克诺罗索夫参加了攻克柏林的战斗，并冲入烈焰飞腾的国家图书馆，从大火中抢救出一本厚书，其中包括17世纪被欧洲人劫往本土的三部玛雅抄本的翻印本。这也激发了他对玛雅文字的兴趣。但实际上，这是讹传。克诺罗索夫本人在去世前一年接受采访时否认了这一传说，他说："不幸的是，这是一个误会：我把这件事（在柏林的一家图书馆找书）告诉了我的同事麦克·D.科，但他理解错了。图书馆没着火。图书馆的书都装好盒子里寄到别处。德国人已经把它们打包好了，但由于他们已没有时间，所以这些箱子被带到了莫斯科。"

第二次世界大战结束后的1945年秋天，在回到莫斯科以后，克诺罗索夫完成了学业并进入研究院，专修古埃及文字学，同时做世界古文字古文化的比较研究。他对古埃及文、苏美尔文、中文和印度河流域古文字都具有很深的造诣。他放出豪言："所有文字，凡是人类创造的，都能被破译。"一位研究西伯利亚民族学及太平洋和美洲文化的导师听了以后,推荐他去试试破译玛雅文字。就这样,一名20多岁的苏联语言学研究生,单枪匹马杀入由美国学者汤普森主导的玛雅文字学界。

时间并没有过去太久,1952年,年仅30岁的克诺罗索夫成功破译玛雅文字。他的周围没有其他同行,从另一个角度来说,也是一件好事,因为不用受到错误观点的影响。

作为一名语言学家,克诺罗索夫知道要想破译一门未知语言,首先要计算这门语言的符号。如果一门语言包含20—35种符号,那么它们很可能是字母,表示简单的读音;如果有80—100种符号,那么它们很可能是音节。这些都是表音文字的体现。但是如果有几百甚至几千个符号,那么这种很可能是表音和表意混合的语言,或是单纯表意的象形文字。

克诺罗索夫发现玛雅文字总共800多个字符,对于表音文字来说多了太多;但假如它全是表意文字,那么这个数量远远不足以满足一个高度发展文明的社会交流的需要。因此,他认为玛雅文字是一个表音和表意相混合的符号字母系统,类似于苏美尔文字和中文。

他把这类语言文字的特点归纳为:

①每个字符可以有不同的功能,有时表音,有时表意。

②这些文字可以根据书法上的美感需要,改变其排列顺序,甚

至颠倒。

③表音符号可以和表意符号拼合在一起，用来注明发音，类似汉字中的形声字。

他因此建立了一套破译方法，我们转引麦克·D. 科在《破译玛雅密码》一书中的例子来说明。[8]

①西，chikin。这个字在 19 世纪末就已被确认为是表示方向"西"的符号。它有三个部分：上面是一个拇指食指相合的手，在兰达字母表中念 chi；下面是一个象形字符表示太阳或白天，兰达对玛雅日历的记录中明确表明这个符号念 kin；右边是一个像松鼠尾巴的符号，兰达字母表中念 ni。三部分连起来念 chi-kin-ni。在玛雅语言中，最后一个元音通常不发声。所以 chi-kin-ni 实际上念成 chikin。而 chikin 在现代尤卡坦语中意为"日落"，并引申为日落的方向，即西方。

②秃鹫，kuch。这个字分两部分：上面是兰达字母表中的 ku，下面也是 chi，在现代玛雅语言中，秃鹫就叫作 kuch。而在 16—17 世纪时编纂的玛雅西班牙语字典中，象形文字 kuch 的下面正画有一幅秃鹫神的像。

③火鸡，cutz。cutz 的 cu 出现在兰达字母表中，右面一个符号不知怎么念。但图中画有一只火鸡。玛雅西班牙语字典中记载，当时好几种玛雅语言都把火鸡叫作 cutz。所以，右面的符号应该念作

tzu。这个符号在下一个例子里得到证实。

④狗，tzul。tzul 字中的第一部分和前面火鸡中不认识的部分相同，第二部分出现在兰达字母表中，念作 lu。图画中有一只狗，字典中的玛雅语把狗叫作 tzul。所以，这部分符号可以认定念作 tzu。

这篇名为《中美洲的古文字》的论文，意义非凡，为当时步入死胡同的玛雅文字的研究指明了新的方向。[9]然而，可惜的是，由于冷战的影响，他的贡献始终得不到以汤普森为代表的美国权威学者们的承认。而且，这篇文章的编辑声称这是运用了马克思列宁主义唯物辩证法的结果，这一下更是引来汤普森的猛烈批评。

幸运的是，当时有几个年轻的学者如麦克·D. 科和大卫·凯利（David Kelly）等人发现了这篇文章的价值。麦克·D. 科写文章对克诺罗索夫的研究方法和成果进行了介绍。1956 年，克诺罗索夫受邀参加了在哥本哈根举行的国际美洲学者大会，与凯利等人取得了联系。由于签证问题，他长期不能参加玛雅学界的活动和会议。1969 年，麦克·D. 科前往圣彼得堡拜访克诺罗索夫，后来还在美国翻译和出版了他的著作。

1973 年，汤普森去世后，再无人对克诺罗索夫的成果表示怀疑。在 1979 年的一次玛雅国际会议上，参会者一致认为克诺罗索夫的研究方法应当为今后玛雅文字研究的方向，克诺罗索夫最终获得国际玛雅学术界的承认。1990 年，他受到危地马拉政府的邀请，生平第一次踏上玛雅文明的土地，并获得一枚金质奖章。1995 年，墨西哥国家人类学和历史研究所邀请他参观墨西哥的玛雅遗址，并颁发给他一枚"阿兹特克雄鹰"勋章，以表彰他对玛雅研究作出的卓越贡献。他在领奖时用西班牙语说了一句"Mi corazón siempre es mexicano"（我心永属墨西哥）。

一个有趣的事情是，克诺罗索夫非常爱猫，是个知名的"猫奴"。他在许多论文和著作中均把自己的爱猫阿斯亚（Asya）列为共同作者，不过，猫的名字和照片每次都被编辑裁掉，这让他非常生气。后来，他干脆在一篇文章中写道："阿斯亚帮我破译了玛雅文字。"1999 年，克诺罗索夫在圣彼得堡去世。但是，他的工作为后续的玛雅文字破译工作铺垫了道路。

8. 解密帕伦克——席勒

1942 年出生于美国田纳西州的琳达·席勒，其父亲是一名商人，她的母亲则是一名商业艺术家。琳达从小就对艺术感兴趣，1960 年，她进入了辛辛那提大学学习艺术，后来从那里拿到了研究生学位。

1970 年的圣诞节，席勒和建筑师丈夫到墨西哥度假。在那里，他们造访了一处名叫帕伦克的玛雅遗址。已经是南阿拉巴马大学艺术系老师的席勒被帕伦克的雕刻所深深震撼，从此，她开始转入玛雅研究。接下来的两个暑假，她都在帕伦克度过。1973年，她开始协助考古学家梅勒·格林·罗伯逊（Merle Greene Robertson）对帕伦克的雕刻进行拍照和拓片。

这一年，梅勒在帕伦克举办了一个圆桌学术会议，参会者大多是玛雅学界的顶级学者。在这次会议上，席勒遇到了来自澳大利亚的研究生皮特·马修斯（Peter Mathews），两个初出茅庐的年轻人联手破译了帕伦克的秘密，震惊了所有的参会者。

在此之前，一位名叫海因里希·伯林（Heinrich Berlin）的学者已经发现了帕伦克"十字建筑群"（Cross Group）的铭文中记载了四个国王，但他没有破译出人名，仅命名为国王A、B、C、D。席勒在这些人名中发现了一个有趣的现象，即每个人名前面都有一个翅膀+"十字花"的符号。现在我们知道这个符号玛雅人读作K'inich，意思为太阳的，伟大的，光芒四射的。席勒认为这个字（词）是玛雅国王名字的惯用修饰。于是，她开始在帕伦克所有的铭文中找这个符号，最后她一共发现了14个带有这样的符号的人名（当然，这些人名不全是国王的名字，比如在某些情况下太阳神前面也有这样的符号）。最后，她和皮特把这些人名都破译了。此外，席勒还发现，绝大部分人名的后面还接着一个带地点的修饰词，这个词（字）读作K'uh-ajaw-baak，意为"帕伦克的神圣国王"（Holy Lord of Palenque）。其中K'uh意为"神圣的"，ajaw是国王，baak就是帕伦克。

图74　K'inich（左）和K'uh-ajaw-baak（右）

这样一来，席勒发现了玛雅铭文的基本结构。一般来说，一段文字中，最早出现的是时间，然后是动作，接着是人（或物），最后是地点。既然时间、人（或物）和地点都破译了，那就只剩下动作（动词）这个最难也是最重要的部分了。席勒的方法是，把铭文中涉及历史事件的动词都拆开为字符，将拆开的字符对照兰达字母表进行拼读。值得注意的是，玛雅文字的组合方式是多元化的，没有特别的顺序可言，因此一个由多个字符组成的文字，可能需要尝试多种不同组合、不同顺序的读音才能找到正确的那个。席勒将这些读音与几种不同的现代玛雅语字典对应，找出读音所代表的意思，再将这些意思放回到原句中，以此来观察这些句子是否有逻辑性。

通过这种方法，席勒和皮特破译了帕伦克从公元465年至9世纪的王朝编年史，主要包括十二代国王和他们家庭成员的姓名、头衔、出生及死亡年月、王权的更替与交接、仪式活动以及帕伦克同邻邦的关系等。这是一个重大的突破，席勒的方法现在已被学术界普遍接受，而且随着现代玛雅后裔的介入，更多的、字典上找不到的字词及概念也被介绍进来，促进了对玛雅文字的破译。

席勒一生著作颇丰，且大多为经典。她还擅长作图，绘制了大量玛雅雕刻的图像和铭文。这些收藏于得克萨斯大学的绘图资料已经被电子化，根据她的意愿，如今已经对所有人公开，并可自由使用。此外，席勒生前还经常在危地马拉的玛雅后裔中开办学习班，教授玛雅文字。在她的教学生涯中，最得意的一个学生就是如今玛雅文字学界的领军人物——"天才少年"大卫·斯图尔特。

1998年4月18日，席勒因胰腺癌不幸去世。生前她希望死后由玛雅巫师为她执行萨满式葬礼，并且埋葬在危地马拉的玛雅人故土上，以表达对自己所研究、热爱的文化的尊重和信任。琳达·席勒，这座玛雅铭文学界的高峰，与周围的山脉、湖泊一起，永远融入了中美洲大地。

9. "天才少年"——斯图尔特

大卫·斯图尔特是玛雅考古学家乔治·E. 斯图尔特（George E. Stuart）的儿子。大卫从小就跟随着父亲游历了美索美洲的很多遗址。8岁那年，大卫跟随父亲在尤卡坦半岛一个叫科巴（Coba）的遗址进行考古发掘，在那里他表现出对玛雅文字的兴趣，并第一次尝试着自己摹写玛雅文字。10岁时，大卫被父亲送到琳达·席勒门下，开始正式学习玛雅文字。大卫后来回忆道："我记得当时琳达正在办公室摹写玛雅文字，我站在旁边观看，我也不知道为什么突然脱口而出，啊，那是一个火的标志。"席勒慢慢转过身，盯着大卫说："是的，小朋友，这是一个火的标志。"那个暑假，席勒把大卫带到了她正在工作的帕伦克。1977年，年仅12岁的大卫写出了人生第一篇关于玛雅文字的学术论文。1984年的一天，18岁的大卫接到一个电话，他获得了"麦克阿瑟天才奖"，成为该奖自创立以来最年轻的获得者。

在大卫之前，尽管学者们已经知道了很多玛雅文字表达的意思，但是它们的读音并不为人知晓。虽然，由克诺罗索夫开创的"音节破译法"已经被公认为是正确的，但是并没有太多的音节被辨认出来。在大卫进入玛雅文字领域之时，仅有不到30个音节能够被正确地读出来。其中的一个重要原因在于玛雅文字的书写是非常艺术的。同一个字有不同的写法，各种写法差异非常之大。而且书写时完全根据字的布局和美感需要，随意地排列、组合。一个字符可以根据需要或爱好压扁、拉长、立起、躺下、颠倒，或一个套在另一个里，或两个重叠起来。

我们举一个例子说明。玛雅文字中有一个字符用鲨鱼头表示，读作"xoc"，汤普森认为这个符号是表示"数数"的意思。这个字符经常在铭文中与字符"i"和字符"ti"组合构成一个玛雅文字。汤普森并没有破译出来，他认为大概意思是在数历法中的天数。

大卫在玛雅文字中找到了更多的类似"xoc"的字符，它们都经常与字符"i"和字符"ti"搭配出现。难道这些字符都是表示"数数"的意思？大卫认为没那么复杂。他发现其中一个字符在兰达字母表中读音为"u"，一个大胆的想法在他脑中形成：这些字符会不会都是音节符号，读作"u"呢？他翻阅现代玛雅语字典，发现确实有个读作"i-ut"的词语，与铭文中的"'i-'u-ti"基本一致，这个词的意思是"然后这件事情发生了"。大卫将这个意思还原到铭文中，发现前后逻辑非常完美。这个在铭文中出现频率非常高的动词，就这样被破译并可以朗读了。后来，通过这种方法，学者们一共辨识出 20 多个不同形态和写法的"u"。时至今日，大约 85% 被破译的文字已经可以被读出来了。

今天，玛雅文字的研究不管是理论还是方法上，都已经非常成熟。但当我们回想起这些考古学家们走过的 400 年，还是禁不住感慨。当然，我们所列举的几位仅仅是众多为玛雅研究倾洒心血的考古学家们的代表者，他们的身边还有许多从事这一工作的"无名"学者，同样为玛雅文字的破译作出了巨大的贡献。虽然玛雅文明已经消逝千年,但是,这些刻满文字的纪念碑还矗立于丛林之中,如同破译它们的天才考古学家们一样值得我们铭记。

(二)玛雅伪文字——无法释读的另类表达[1]

2018 年,中国社会科学院考古研究所科潘项目组在洪都拉斯科潘玛雅遗址 8N-11 贵族院落中,发现了一座古典时代晚期的墓葬(编号 E3)。该墓葬位于院落西侧北部建筑(编号 69N)台阶下方,平面呈不规则长方形,墓室由未经加工的鹅卵石和石灰石砌成,葬式为单人屈肢葬,共出土随葬品十件,其中陶器五件、玉器五件。从墓葬的出土位置、形制和出土随葬品判断,墓主应为一名等级并不太高的贵族,或许为该贵族院落的一位居住者。

在出土的随葬品中,有两件彩陶比较特别,引起了我们的注意。一件为彩绘陶碗,另一件为彩绘陶杯。陶碗腹部用红彩和黑彩绘制了一只正在游泳的美洲豹,陶杯腹部则绘制了一条抽象的羽蛇,蛇的身体和尾部蜷曲,形成回纹。这两件陶器的形制并无特别之处,都是古典时代玛雅贵族墓葬中常见的随葬品。但是,这两件陶器的口沿下方,包括陶碗内壁彩绘的玛雅文字却很有意思。

---

[1] 原文刊于《中国社会科学报》2020 年 4 月 17 日第 1909 期。

图75　科潘8N-11院落E3出土彩陶碗（李默然　摄）

玛雅文字的破译历经百年，经过考古学家的努力，今天，90%左右的玛雅文字已被破译。它们并非单纯的象形文字，而是混合型文字，其中大部分是由若干表示读音和意义的字符组成。目前可知的玛雅字符共有1000多个，剔除同义不同形的，大约有500个常用字符。在陶器上尤其是口沿下方彩绘或刻写文字，是玛雅贵族随葬品的传统。麦克·D. 科最早提出这些铭文基本是有模式可循的，一般内容为"这是某某（墓主人名）用于饮用可可（或玉米粥）的杯子（或碗）"。但上述两件陶器上的文字却无法释读，也可以说它们根本不是真实的文字，而是"伪文字"（Pseudo-glyph）。

玛雅"伪文字"这个概念最早由朗伊尔于1944年提出[10]，指的是在陶器上的位置及其大致外形与真实玛雅文字差不多的文字，但它们不符合真实玛雅文字的书写标准，而且不构成连贯的句子，没

图 76　科潘 8N-11 院落 E3 出土彩陶杯（李默然　摄）

有实际交流的意义。"伪文字"主要可以分为三类：第一类是由真实文字中从来没有出现过的字符组成的文字；第二类是真实文字中已有的字符，以与真实文字不同的方式组合成文字或句子，这些文字和句子无法释读，没有任何语言沟通的价值；第三类则是由前两类文字结合的句子。由于资料公布不及时等原因，目前发现带"伪文字"陶器的大体数量尚不清楚，但整体来看，这类陶器主要分布于玛雅世界的东南部，即危地马拉中东部、洪都拉斯西部、萨尔瓦多和伯利兹。年代大多为古典时代晚期，即公元600—900年。

在朗伊尔之后，关于玛雅"伪文字"的研究并不多，原因之一是资料公布情况不太理想，另外就是学术界的主要视野还是停留在真实的玛雅文字上。2006年，科罗拉多大学英伽·E. 卡尔文（Inga E. Calvin）的博士学位论文将玛雅"伪文字"的研究推进到一个新的阶段。[11]

卡尔文对出土自危地马拉低地的包括蒂卡尔、瓦夏克吞（Uaxactun）、道斯·皮拉斯（Dos Pilas）、波波屯（Poptun）等10个玛雅遗址的121件带有"伪文字"的陶器和陶片进行了深入的研究。他在这些陶片上共发现314个"伪文字"，并对其进行了详细的统计分析。结合这些陶器的出土情境，他揭示出许多以往没有被注意到的现象。

在卡尔文统计的314个玛雅"伪文字"中，只有24个在不同的陶器上重复过。而且这24件陶器既非相同类型，也不是出自同一个遗址或单位。这种现象表明，它们并非出自同一个艺术家或工匠之手，看来，这种"伪文字"的书写似乎没有固定的模式。此外，这类"伪文字"多见于彩绘陶碗、陶盘和陶杯上。其中陶碗多出土于建筑堆积之中，被实际使用的可能性很大，而陶盘和陶杯则多出土于墓葬中，不排除是丧葬用品的可能性。但出土这种带有"伪文字"陶器的墓葬中其他的随葬品并未显示出有什么特别之处。在墓葬中随葬带有文字的陶器，并不能反映墓主的文化或知识程度，这一点斯蒂芬·休斯顿和大卫·斯图尔特早就注意到了。同样地，随葬"伪文字"陶器的墓葬并不意味着墓主是文盲。

相对而言，王宫区更倾向于使用带有真实文字的陶器，发现此类"伪文字"陶器的比例更低。"伪文字"陶器更多出土于王宫区以外的地区，特别是在等级稍低的贵族院落中。我们项目组发掘的科潘8N-11院落，是科潘谷地等级仅次于王宫区的聚落，等级已经相当高，其中大墓数量就多达十余座，但也只发现了一件带有真实铭文的陶器随葬品。那么，为什么会这样？

一般认为，在玛雅社会，贵族对文字等知识具有垄断的权力，而考古发现的铭文要么是记载战争、联姻等军国大事，要么是记载国王的神圣仪式或血缘世系。有研究者提出，撰写铭文的权力来源于超自然力量的批准。这种力量来自祖先之域，通过超自然的出入口（一般为白骨蜈蚣），借助艺术家之手进入现实的世界。也就是说，在陶器或石碑上书写文字不是简单的记录行为，它更像是一整套涉及神灵批准、祖先崇拜、个人训练等复杂仪式的一部分。

"伪文字"大量出现在古典时代晚期,这个时期无论是图像还是考古资料,都表现出王朝政治剧烈变化的特征。卡尔文的论文也提到,"伪文字"大量出现的时期恰好是社会上层剧烈变动的时期,这个时期,很多遗址第一次在领地上竖立起铭文纪念碑。而那些大量新出现的次等级贵族都需要铭文来阐述自己的社会地位和追溯祖先的神圣性,这样的需求远远超出了书写者的供应。但是,没有得到神圣超自然力量加持的艺术家,在经过充分的正式培训之前,是无法书写真实文字的。因此,"伪文字"就成为他们最好的选择。

此外,卡尔文对布埃纳维斯塔(Buenavista)遗址出土"伪文字"的研究表明,来自其他遗址的带有真实文字的精美彩陶会刺激本地的模仿行为。以稍显拙劣的绘画配合"伪文字"的方式,向地位相当或较低的贵族提供至少视觉上相似的陶器,展示了高等级贵族获取劳动力和资源的能力,以及使用神秘的仪式用具和知识的能力。而反过来,低等级贵族向更高等级的领主进献这些陶器,则有利于形成一个持续的同盟关系。这些因素都进一步促进了"伪文字"陶器的生产。

尽管玛雅"伪文字"还无法被释读,但并不意味着它们是毫无意义的。对于考古学家来说,它们所蕴含的历史信息大大超出了想象。从文字、艺术、宗教、政治结构和贸易等角度来考察,应当都会有全新的发现。

（三）世界末日？——被误解的玛雅历法

2009年11月，一部由美国导演罗兰·艾默里奇执导的电影《2012》横空出世，上映首周，横扫北美和全球其他地区票房。依靠工业技术，电影中火山喷发、地震海啸的场景惊心动魄，观众仿佛身临其境，产生了强烈的"末日感"。2012年12月21日，这个玛雅人预言的"世界末日"，再度引起全球人民的热议。

为什么2012年12月21日是世界末日呢？玛雅人到底有没有这样的预言？我们接下来就解答这些问题，但首先，我们要理解玛雅人的历法。

1. 历法系统

玛雅人的历法系统包含了三种历法，卓尔金历（Tzolk'in）、哈布历（Haab'）和长历（Long Count）。

卓尔金历是玛雅人的祭祀历法，专门用于各种仪式活动。这种历法以20个日名为基准，配合数字1—13（一个圆点为数字1，一个横杠为数字5），按顺序形成某天的日名，比如1 Imix'、2 Ik'等。数字13用完后，又从1开始新的循环。比如13 B'en结束后，下一天就成了 1 Ix，再后一天就是 2 Men。由此完成一个循环，共 260 天。这种组合类似中国的天干地支，而且，每个日名有适合和禁忌的活动，与皇历类似。

哈布历也叫世俗历，是一种比较容易理解的历法。这种历法以"月"名为基准，一"年"共 19 个"月"，前 18 个"月"每"月" 20 天，最后一个月（Wayeb'）是凶月（做什么都不吉利的一个月），只有 5 天。全年一共 365 天，与一个太阳历的周期非常接近。每天同样是数字与月名的结合，数字为 0—19，结合方式与卓尔金历相同。以 Pop 和 Wo'月为例，第一个 Pop 月的日名是从 0 Pop 到 19 Pop，下一个月则同样是从 0 Wo'到 19 Wo'，一直到这一"年"最后一天 4 Wayeb'。这与现行公历非常近似，区别在于一年中"月"的数量不同，以及每个"月"的天数不同。

从上文可知，玛雅人对某一天的描述至少有两种方式，即卓尔金历和哈布历，二者是对应的。由于卓尔金历和哈布历每"年"的天数不同，二者就像大、小两个齿轮一样，并不能同步。完成整个循环大约需要 52 个太阳年（18980 天），这 52 个太阳年被称为一个"历法循环"（Calendar Round）。如果按照这两种历法对于某一天的描述方式，在 52 年范围内尚可分别，一旦超过 52 年就会引起误解。一个人的生命往往都不止 52 年，何况是一个王朝的统治。因此，玛雅人在记载一些历史事件时，主要使用长历。

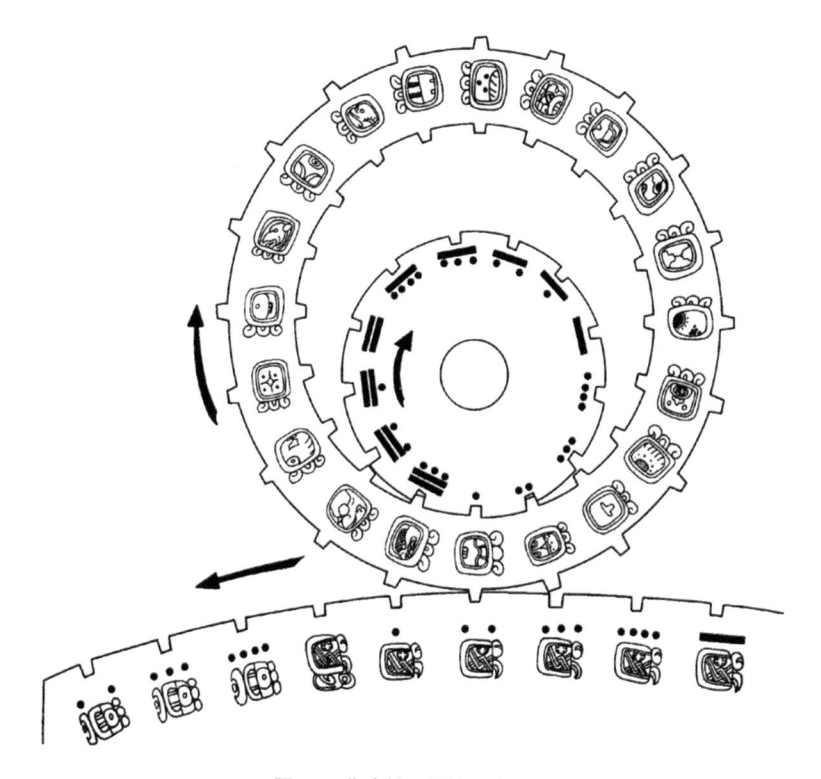

图 77　像齿轮一样的历法循环

长历用数列表示，一般为 5 列，写作 A.B.C.D.E（如 9.0.0.0.0），这是以"天"为单位的计数方式，一般为 18 或 20 进制。E 的单位是 K'in，就是 1 天；D 的单位是 Winal，等于 20 K'ins（20 天），C 的单位是 Tun，等于 18 Winals（360 天），大约为 1 年；B 的单位是 K'atun，等于 20 Tuns；A 的单位为 B'ak'tun，等于 20 K'atuns，大约是 395 年。此外，依次还有 Piktun（比 B'ak'tun 更

高一级，相当于 20 个 B'ak'tun），Kalabtun，K'inchiltun，Alautun 等计时单位，进制均为 20，但是不常用。

那么，如何用长历记录一件事情发生的时间呢？方法是以创世日为起始日期，加上相差的天数就得到这件事情发生的长历。而起始日期就是 13.0.0.0.0（实际上就是 13 B'ak'tun），这是玛雅人第五个世界（前四个世界均已毁灭）的创世日，以往的历法循环在这一天被归零了，接下来的一天不是 13.0.0.0.1 而是 0.0.0.0.1。如果某一天与创世日相差 9 个 B'ak'tun（大约为 9×395 年），那么这一天的长历就是 9.0.0.0.0。

为什么玛雅人会把创世日选在 13 B'ak'tun 这一天？他们并没有解释，我们唯一知道的是 13 这个数字是玛雅的神圣数字，在很多场合都会反复出现并被强调。另外，创世日这一天的日名是 4 Ajaw（卓尔金历），8 Kumk'u（哈布历）。

考古发现的现存年代最早的长历可能出自危地马拉的塔卡利克·阿巴赫（Takalik Abaj）遗址，在遗址的 2 号纪念碑上雕刻着 7.(6.11.16)??，由于磨损严重，数字模糊不清。近年来，考古学家在危地马拉的丛林中新发现了一个著名的遗址——圣巴特洛，本书前文有提及。遗址除了有精美的壁画外，考古学家还在一座神庙的倒塌堆积中，发现了一些书写了象形文字的墙皮残片，其中有一个日名（7 鹿，卓尔金历）。另有一段文字，描述了即将到来的周期结束仪式[1]，有研究者认为这个结束时间大约是在 7.3.0.0.0 至 7.5.0.0.0 之间。

也就是说，现存最早的长历大约在第 7 个 B'ak'tun，这距离长历的起始日 13.0.0.0.0 还有大约 2800 年的时间。为什么玛雅人要把第五个创世的日期定在距离自己约 2800 年的时候？要知道，那个年代是肯定不会有玛雅文明存在的。这个创世日还非常精确（精确到天），并不是中国传统神话里面所谓的"天地混沌之时"那样粗略的时间观念。这个问题，我们无法解答，或许是一种偶然，或许是一种人为的规定。我们可以确切知道的是，长历对于玛雅人是非常重要的，同样重要的还有数字。而且，玛雅人很可能是有历书的。迄今为止，有太多关于玛雅人书写的雕刻或者陶器被发现，甚至书写者的住宅，比如科潘的"书写者之家"聚落都被考古学家揭示出来了。

2. 长历和现行公历的换算

既然玛雅人能把创世时间精确到天，那么这一天能不能被计算出来换成公历呢？答案是能！

无数学者都曾经试图将玛雅的长历与现行的公历进行对应。目

---

[1] Period Ending，玛雅人热衷于庆祝各种时间周期的结束，比如一个 K'atun 或者一个 B'ak'tun 的结束。

前，被学术界广泛接受的是 GMT 推算法。这种推算法由古德曼（Goodman）、马丁内斯（Martinez）和汤普森（Thompson）逐渐确立，因此得名于三人名字首字母组合。推算法采用了历史学、天文学和考古学的证据，过程很复杂。其中，一些阿兹特克抄本、民族志以及蒂卡尔出土的一件木质带长历的雕刻起到了很重要的作用。但是，也有其他一些推算法，有的推算结果只和 GMT 算法得出的结果相差几天而已。

GMT 推算法将 13.0.0.0.0 对应公历为公元前 3114 年 8 月 11 日。我们如果进一步把长历一直往下推算，就可以得出这样一个表格。在表格中，我们会发现下一个 13.0.0.0.0 就是 2012 年 12 月 21 日，按照玛雅人的惯例，这一天是当前世界的最后一天，整个历法周期即将结束并开启新的一轮循环。这便是"世界末日"传说的来源。

表3　玛雅长历重要日期与现行公历换算

玛雅长历	换算后公历
13.0.0.0.0	公元前 3114 年 8 月 11 日
1.0.0.0.0	公元前 2720 年 11 月 13 日
2.0.0.0.0	公元前 2325 年 2 月 16 日
3.0.0.0.0	公元前 1931 年 3 月 21 日
4.0.0.0.0	公元前 1537 年 8 月 23 日
5.0.0.0.0	公元前 1143 年 12 月 26 日
6.0.0.0.0	公元前 748 年 2 月 28 日
7.0.0.0.0	公元前 354 年 6 月 3 日
8.0.0.0.0	公元 41 年 9 月 5 日
9.0.0.0.0	公元 435 年 12 月 9 日

续表

玛雅长历	换算后公历
10.0.0.0.0	公元 830 年 3 月 13 日
11.0.0.0.0	公元 1224 年 6 月 15 日
12.0.0.0.0	公元 1618 年 9 月 18 日
13.0.0.0.0	公元 2012 年 12 月 21 日
14.0.0.0.0	公元 2407 年 3 月 26 日
15.0.0.0.0	公元 2801 年 6 月 28 日
16.0.0.0.0	公元 3195 年 10 月 1 日
17.0.0.0.0	公元 3590 年 1 月 3 日
18.0.0.0.0	公元 3984 年 4 月 7 日
19.0.0.0.0	公元 4378 年 7 月 11 日
1.0.0.0.0.0（1 Piktun）	公元 4772 年 10 月 13 日

3. 世界末日？

现在我们知道了，所谓"世界末日"是玛雅长历运行到了 13.0.0.0.0 这一天。那么，有两个问题需要解答。第一，玛雅人有没有提到过 13.0.0.0.0（2012 年 12 月 21 日）？第二，这一天会发生什么？

首先，对于第一个问题，答案是有！

在 2012 年的 4—5 月（这年份也太巧合了！），考古学家马塞洛·卡努托（Marcello Canuto）和托马斯·巴林托斯·奎萨达（Tomás Barrientos Quezada）在危地马拉佩藤盆地的拉科罗拉遗址（La Corona）中发现了一条文字阶梯[12]，其中一块有铭文的石板上就写着未来的

13.0.0.0.0这一天。但是，根据大卫·斯图尔特的翻译，铭文的内容却和"世界末日"一点关系也没有。[13]

整篇铭文记述了一次"国事访问"的过程。在公元696年，拉科罗拉的国王接待了一位外国元首，这个元首就是卡拉克穆尔的国王Yuknoom Yich'aak K'ahk'，也叫火爪王（Fire Paw），这事本身平淡无奇。不过这位火爪王前不久（公元695年8月）刚在蒂卡尔打了一场惨烈的败仗，考古学家都以为他被杀或者俘虏了，没想到，或许是为了显示自己并未元气大伤，战争结束后不久他就访问了邻国。在铭文中他扬扬得意地称自己为"13 K'atun lord"（因为前几年刚结束的9.13.0.0.0，即公元692年）。为了进一步夸耀自己，将功勋置于永恒的历史长河之中，他把自己与未来非常重要的第13个B'ak'tun（13.0.0.0.0）联系起来。

正是这篇提及13.0.0.0.0的铭文，加剧了很多炒作者对于"世界末日"的兴奋。实际上，玛雅人有大量庆祝K'atun和B'ak'tun结束的活动，更何况第13个（13是玛雅神圣数字）呢？从铭文中确实可以看出，第13个B'ak'tun结束是一个非常非常重要的事件，但是，铭文中完全没有提到任何有关"世界末日"的话题。

接下来，第二个问题，13.0.0.0.0（2012年12月21日）会发生什么？

答案是不知道，因为玛雅人没说。我们可以谨慎地推断，如果玛雅人的王国能延续到公元 2012 年，并且保留了其文化传统，那么这一天将会有空前盛大的庆祝仪式。至于其他的，我们完全不了解。那么，这一天会像 5000 多年前一样重置长历吗？为了回答这个问题，我们需要介绍一下帕伦克出土的一件石雕。

帕伦克的铭文神庙是为了埋葬著名的帕考王而修建，里面发现了一段铭文。铭文提到了一件事情，这件事情发生在帕考继位之后的第 80 个"日历循环"。前文已述，1 个日历循环大约是 52 年，帕考继位是长历 9.9.2.4.8，公元 615 年 6 月 27 日。80 个日历循环就是公元 4772 年 10 月 21 日。铭文中同时提到这一天是第 1 个 Piktun 结束后的第 8 天。我们对照一下上面的表格，假如日历不重置的话，第 1 个 Piktun 是在公元 4772 年 10 月 13 日（1.0.0.0.0），八天后刚好是公元 4772 年 10 月 21 日！与铭文完全吻合。如果玛雅日历在 13.0.0.0.0（2012 年 12 月 21 日）重置，那么，铭文中提到的第 1 个 Piktun 恐怕还要再等 8000 年左右。

4. 结语

如何看待时间是一个最基本但又很重要的问题，它涉及人类文明最基础的宇宙观。在中国古代，人们一般认为时间就像一条无边无际的线。宇宙的初始混沌一片，不知道什么是起点；而后又像河水一样奔流，没有终点。孔子感叹"逝者如斯夫"，但玛雅人不同，他们把时间看作一个个首尾相接的圆。在他们的观念里，"世界"（严格说是"人类等生物体"）已经被毁灭四次了，我们所处的世界是第五次创世的结果。至于这第五次世界什么时候结束，他们并不知道，但这个时间循环总是要结束的。所以，重生的观念对于玛雅人尤其重要，玉米和太阳会重生，祖先和国王会重生，玉米神和太阳神也会重生。通过本节的介绍，我们大致可以了解：

①玛雅的历法系统包括卓尔金历，哈布历和长历。

②2012年12月21日是人为推算出来的玛雅长历日期13.0.0.0.0，假如玛雅文明延续至今，这一天将是玛雅人的重要节日。

③因为上一个13.0.0.0.0（公元前3114年8月11日）是第四个世界的结束，也是第五个世界的开始，所以按照玛雅的惯例，现代的一些人会认为这一个13.0.0.0.0（2012年12月21日）将是第五个世界的结束，第六个世界的开始。这就是"世界末日"的来源，但这实际上是对玛雅长历的曲解，玛雅人并没有留下过这样的预言。

④从考古证据上看，玛雅长历并不会在13.0.0.0.0（2012年12月21日）这一天重置，相反，长历会一直延续，何时结束我们并不知道。

参考文献

1. Landa, D. , 2020, *Relación de las cosas de Yucatán*, Madrid: Alianza Editorial.
2. Stephens, J. L. , and Von Hagen, V. W. , 1996, *Incidents of Travel in Egypt, Arabia Petraea, and the Holy Land*, New York: Dover Publications, Inc. .
3. Stephens, J. L. , 2007, *Incidents of Travel in Greece, Turkey, Russia, and Poland*, New York: Cosimo, Inc. .
4. Stephens, J. L. , 1854, *Incidents of Travel in Central America, Chiapas, and Yucatan*, London: A. Hall, Virtue & Company.
5. Stephens J. L. 2012, *Incidents of travel in Yucatan*, Altenmiinster: Jazzybee Verlag.
6. Hammond, N. , 1977, "Sir Eric Thompson, 1898-1975," *American Antiquity*, Vol. 42, No. 2, pp. 180-190.
7. Thompson, J. E. S. , and Stuart, G. E. , 1952, *A Catalog of Maya Hieroglyphs*, Norman: University of Oklahoma Press.
8. Coe, M. D. , *Breaking the Maya Code*, New York: 2012, Thames & Hudson.
9. Knorozov, Y. , 1955, "Ancient Writing of Central America," translated from *Sovietskaya Etnografiya*, Vol. 3, pp. 100-118.
10. Boggs, S. H, and Longyear, J. M. , 1944, *Archaeological Investigations in El Salvador*, Cambridge: Peabody Museum.
11. Calvin, I. E. , 2006, Between Text and Image: An Analysis of Pseudo-glyphs on Late Classic Maya Pottery from Guatemala, Ph. D dissertation, University of Colorado.
12. Baron, J. P. , 2013, Patrons of La Corona: Deities and Power in a Classic Maya Community, Ph. D dissertation, University of Pennsylva-

nia.

13. Stuart, D., "Notes on a New Text from La Corona," Maya Decipherment (June 30, 2012), decipherment.wordpress.com/2012/06/30/notes-on-a-new-text-fromla-corona/.

第八章 古典的魔幻——古代中美人的生活

（一）热爱"整容"的玛雅人

对美的追求是人类永恒的话题，改变身体的形态或装饰是实现美的主要途径之一。从这个角度上来说，"整容"并非一个时髦的词汇，它拥有非常悠久的历史。

不过，本书所谓的"整容"泛指改变或干预身体的自然成长，以及在身体上进行"损伤性"的装饰。一些古代的整容，是不是如现代一样出于追求美的目的，我们很难判断。当然，美的观念是受文化约束的。一个可以推测的事实是，古代人群的"整容"情况很可能是远远超出我们想象的范围和程度的，因为一些"整容"手段，诸如身体穿孔和文身只能影响软组织，除了用图像或者民族志资料来描述外，我们很难找到直接的物质证据。

2018年，《考古科学》杂志刊布了一项研究成果，学者通过红外线热成像仪发现一具距今5000年左右的木乃伊肩部有文身，大致为四个"S"形。[1]当然，更著名的是奥兹冰人，身上一共发现57处文身。[2]

中国考古学目前似乎还没有在田野发掘中发现文身的案例，但我们认为肯定是存在的。《礼记》里面记载"东方曰夷，被发文身"。《史记·吴太伯世家》里也说道，太伯和仲雍两兄弟为了让父亲周太王把王位传给他们的弟弟季历（周文王姬昌的父亲），"乃奔荆蛮，文身断发，示不可用，以避季历"。这说明在周代，"被发"和"文身"是东部尤其是江苏太湖周边一带土著的传统。

虽然没有切实的考古证据，玛雅人应当也有文身的习惯。不过，身体穿孔在古代美索美洲是很常见的，最简单和最普遍的例子可能是为了佩戴管状耳饰而在耳垂上穿孔，一些孔还相当大。嘴唇下二三厘米的地方，一般会被刺穿用来悬挂唇饰，他们还会另外在鼻子上穿孔挂其他饰品。在大量雕像和壁画中均能看到这样的装饰手段。

什么样的眼睛好看？我们一般的印象是诸如丹凤眼、桃花眼一类的眼睛才是炯炯有神，顾盼生辉。但是，对玛雅人来说，对眼才是最美丽的。这一变化可不大好控制，但玛雅人很聪明，他们在头饰上下了功夫：通过在佩戴者的眼睛前方的中间悬挂一个物体，让他们训练对眼的技能。

而最令人印象深刻的，则是玛雅人的牙齿整形和颅骨重塑。在中国古代，主体分布于山东境内的大汶口文化有拔牙的习俗。而玛雅人更热衷对牙齿做各种"手术"和装饰。他们的牙齿整形包括改变牙齿底部的形状，在牙齿表面锉出图案，或将诸如翡翠、黄铁矿以及绿松石之类的矿物嵌入牙齿上的钻孔中等。我们在科潘的发掘中，就发现了大量的牙齿整形现象。

图 78　玛雅人的牙齿整形（李默然　摄）

对头骨进行塑形的例子更为常见。但这一过程必须在人还是婴儿时进行，因为婴儿的头骨仍然柔软，能够塑形。为了达到头骨平坦的效果，得用平板夹住头骨，如果想达到头骨圆形的效果，就用带状物紧紧捆绑头骨一圈，这样天灵盖就会缓慢地——且永久地——变成预期的细长形状。一般认为，这种细长的头型象征着玉米，在玛雅艺术中，玉米神就是这样的头型。和牙齿整形一样，颅骨塑形也是美索美洲广泛使用的古老习俗。一些学者认为这是精英阶层的特权，但一些普通墓葬中出土的人骨也显示出这些特征。

第八章 古典的魔幻——古代中美人的生活 | 285

图79 帕考王的肖像（注意他强烈的颅骨变形）

玛雅艺术为我们了解特定文化下的美的观念提供了很好的视角。他们头部细长，还有着粗壮凸起的鼻子和集中目光的对眼，在当今通过身体艺术进行自我表达的文化氛围中，玛雅文明将会是一个丰富的灵感来源。

（二）危险游戏——古代中美洲的球赛[1]

1528年，当神圣罗马皇帝查尔斯五世在西班牙第一次看到一种名为"乌拉玛"（Ulama）的球赛时，如同其他欧洲人一样，他对这种新鲜的游戏感到不可思议。这次比赛的场景恰好被一位名叫克里斯托夫·韦迪茨（Christoph Weiditz）的德国人画了下来，使我们得以一窥古代中美洲球赛的激情和神秘。

乌拉玛是阿兹特克人对这种球赛的称呼，它更早的名字已经无从知晓。目前的考古发现证明，最晚在公元前1800年前后就已经出现了这种球赛。在一个名为Paso de la Amada（西班牙语义为"爱的阶梯"）的遗址中，考古学家发现了一个由泥土垒筑而成的球场，长78米，宽7米，中间经历过一次扩建，此外还发现了一些表现球赛场景的陶塑。到了奥尔梅克时期，球赛变得流行并且重

---

[1] 原文刊于《中国社会科学报》2018年6月14日第1472期，本节对球赛做了更细致的分析。

图80　克里斯托夫·韦迪茨的画作

要,大量的比赛用球在祭祀水坑中被发现,著名的巨石头像被雕刻为球员的形象。古代美洲最大的城市特奥蒂瓦坎遗址,在城中院落的房屋内充斥着大量球赛的壁画。而玛雅文明中关于球赛的石雕和铭文更是数不胜数,几乎在任何一个玛雅城市,都能发现一个或数个球场。《波波尔·乌》里还提及玉米神和英雄双兄弟均是水平很高超的球员。

那么,这种球赛到底是怎么进行的呢?

我们首先介绍一下比赛的用球。现代足球有多大、多重?我们以2022年卡塔尔世界杯用球"旅程"(Al Rihla)为例,官方数据表明其直径为 22.1 厘米左右，重量为 420—445 克。中美洲古代球赛用球有多大呢？目前一共发现了大约 100 个球，大小不一。可惜的是这些球都是发现于沼泽和水池中，绝大部分是用于献祭神灵的祭品。我们假设这些球与平时比赛用球大小相当，他们大部分直径在 8—10 厘米，最大的直径可达 20 多厘米。但是，这些球可不是空心的，它们都是实心橡胶球，重达 1.5—3.5 千克。而且，在一些玛雅的壁画和雕刻上，还能看见更大的球。有一幅绘在陶杯上的图案，根据上面的玛雅文字，大卫·斯图尔特发现画中人是 Motul de San José（位于危地马拉）的国王萨克陈（Sak Ch'een），他正在和艾尔帕哈拉尔（El Pajaral）的国王一起进行球赛。仅以图像比例来看，这个球直径将近 1 米，重量估计可达 500 千克。当然，这肯定是夸张的表现手法，更多是一种象征。

既然橡胶球这么重，踢起来肯定有一定的危险性，穿戴护具就是必需的。根据考古发现，球员一般在头部、腰部、腿部戴有护具。护具一般为木质，但在一些遗址中，也出土过石质护具。比如，大英博物馆就藏有一件青石护具，不过学者们一般认为，这不具有实用性，主要是用于祭祀活动的。

球场平面形状为大写的"I"形，中间的长廊以及两端的长方形区域就是比赛场地，两侧为斜坡状台基，斜坡上部往往还有若干个环状或者动物石雕。此外，在一些球场的长廊内，还会设置三个标志柱。有时，台基上还有建筑或者阶梯，用于观赛人群的聚集和举行相关仪式。球场大小不一，目前发现最大的球场是奇琴伊察的大球场，长96米，宽30.4米。

球赛是如何进行的，目前没有明确的资料记载，学者们也争论不一。一般认为，根据球场大小不同，共有2—8名球员参赛。参赛球员用胯部将橡胶球保持在空中运动，不能落到球场中间的长廊内，但可以落到两侧的斜坡上。长廊两端的方形区域为得分区，类似美式橄榄球的达阵区，将球触到对方得分区的地面即算己方球队得分。另外，还有研究者认为，将球穿过球场斜坡上设置的圆环，或是触碰到上面一些石质雕件（如科潘球场上竖立的鹦鹉头）和长廊中的标志柱，都可以算得分。也有研究者认为，除了胯部以外，手肘、腿部、脚部都可以触球，甚至可以用木棍击球，《博基亚抄本》（*Codex Borgia*）中就描绘了这样的场景。[3]

球场是古代美索美洲人民重要的娱乐场所，在一些出土的陶塑上，可以看到人群在球场旁边呐喊围观的场景。但球赛不仅仅是娱乐活动，还包含了其他的内容，如赌博，这在文献和考古资料中都能得到体现。《博基亚抄本》中有一幅修齐奎扎尔（Xochiquetzal）和她的丈夫马奎修齐特尔（Macuilxochitl）对坐的图像。修齐奎扎尔是阿兹特克的一位女神，主管美丽、丰产、音乐、舞蹈、手工艺等，她的丈夫马奎修齐特尔则主管艺术、游戏、赌博、鲜花等，他

图81　《博基亚抄本》中的球赛场景

们夫妻二人是阿兹特克人游戏和赌博的守护神。在这幅图像上，修齐奎扎尔坐在凳子上对着丈夫挥舞着双手，情绪高涨，似乎准备从板凳上跳起来。她的丈夫马奎修齐特尔则左手叉腰，右手高举，正和妻子争辩。这应当是表现了夫妻二人正在进行游戏或者赌博的场景。二人的正中间绘制了一个黑色的类似九宫格的图案，这个图案就代表一种具有赌博性质的游戏。而在黑色图案的正上方，赫然用绳索悬挂着一个橡胶球。在洪都拉斯科潘遗址，哈佛大学皮博迪博物馆在大球场的地下发现了一座更早时期的球场，在旁边的神庙内，考古学家在地面上同样发现了与《博基亚抄本》中几乎一样的类似九宫格的图案，这证实了球赛与赌博的密切关系。

图82　修齐奎扎尔和马奎修齐特尔在橡胶球下的游戏

有学者认为，无论是为了娱乐还是赌博，球赛都是社会复杂化进程中非常重要的工具。比如，约翰·克拉克等人的研究表明，举办或者赞助球赛是那些雄心勃勃的财富积累者获得威望、攫取社会权力的重要途径。[4] 而在赌博中，一些人失去了财产甚至人身自由，成为依附于他人的奴仆。在最早出现球场的"爱的阶梯"遗址，考古学家发现了一系列社会复杂化的证据，包括大型公共房屋的出现，陶器中用于宴飨的器物尤其是酒器数量的剧增等。而在奥尔梅克文明时期，著名的巨石头像一般被认为是装扮成球员的国王形象。

仅仅是娱乐或是赌博远远不能涵盖球赛的意义，事实上，球赛更多的是宗教仪式活动的一部分，尤其是越到晚期，仪式的功能越明显。特别是在古典时代，这种仪式功能在雕刻、铭文、壁画和陶器彩绘中得到大量体现。

球场具有非常明显的象征意义。《波波尔·乌》里记载了玉米神和英雄双兄弟在球场游戏惊扰了西巴尔巴的死神，被召唤到地狱的故事。书中描述的球场位于地狱西巴尔巴的上方，是人间通往地下世界的入口。同样，在科潘球场，考古学家发现了三个石质标志柱，呈平面形状近圆形。在石块上雕刻了"亚"字形的方框，方框内是两名球员正在进行球赛的场景。这种"亚"字形的雕刻大量发现于壁画和雕刻之中，象征了大地的裂缝和地下世界的出入口。玉米神一般就从这个"亚"字形的裂缝中重生，如在圣巴特洛遗址出土的壁画中，玉米神就在大地怪兽的裂缝中载歌载舞等待重生。这种"亚"字形的图案雕刻最早可追溯至奥尔梅克时期，祖先神往往伴随着云雾现身其间。因此，科潘球场的这三个标志柱在玛雅人看来就是人间通往地下世界的入口，球场具有连接地下世界的象征意义不言而喻。

球赛一般伴随着祭祀和牺牲。科潘遗址大广场上出土的 4 号祭坛表现的就是一个被绳索捆绑的比赛用球形象，用于祭祀。上部有一刻槽，学者们一般认为，是用来引流牺牲的鲜血。与科潘 4 号祭坛类似，蒂卡尔遗址 8 号祭坛同样表现了一个比赛用球，上面雕刻了两个被绳索捆绑的牺牲，从他们的头饰来看，身份并不低。在雅什奇兰遗址的 2 号象形文字台阶上，雕刻了一场特别的"比赛"。雅什奇兰的鸟豹王装扮成玉米神正准备击打从台阶上滚落下来的球，球内雕刻的就是一个被捆绑的牺牲。类似的场景在雕刻、壁画和彩绘中比比皆是。但是，考古发现中并未找到阶梯状的球场。考古学家认为，这只是对比赛结束后祭祀场景的描绘，这在大量的雕刻铭文中可以得到佐证。由于比球场更能展示祭祀过程的视觉效果，玛雅人选择在阶梯上进行杀牲献祭的仪式。

基于祭祀活动的重要性，球场有时被称作"六阶之地"（玛雅语 Wak-Eb），意指有六级台阶的祭祀场所。有些"六阶之地"甚至开始模仿真实的球场，设置了三个标志柱，如科潘遗址 22 号神庙的南部小广场。与此同时，铭文中开始出现大量的以台阶表示球场的象形文字。这些迹象均表明，在古典时代，球场的象征意义大于实用意义，球赛越来越偏向仪式化，祭祀的功能更加凸显。

图83　科潘大球场（李默然　摄）

在球赛中杀俘虏祭祀是玛雅人的风俗，那就意味着球赛会经常与战争联系到一起。在一些铭文中，有一种被称作"三征服之地"（玛雅语 Ox-Ahal-Eb）的球场，有学者认为这样的球场就像是一座战争纪念碑。在纳兰霍遗址出土过一件石雕，记述了王国被南部的城邦卡拉克尔打败的故事，铭文上写着纳兰霍的国王"在'三征服之地'进行球赛"。

科潘的象形文字台阶上有两个关于球场的描述词，一个是"蝙蝠之屋球场"，另一个就是"三征服台阶"。蝙蝠之屋是关押战俘的场所，《波波尔·乌》里记载英雄双兄弟就曾经被死神关在蝙蝠之屋。巧合的是，在象形文字台阶的上方神庙中，考古学家发现了大量与战争之神——特拉洛克相关的雕刻。这些证据足以表明球赛和战争的密切联系，也不禁让我们回想起《波波尔·乌》里，球赛最初就是英雄双兄弟和地狱死神之间的战争。

从墨西哥湾的奥尔梅克文明、墨西哥中部的特奥蒂瓦坎和阿兹特克文明，到瓦哈卡谷地的萨波特克以及南部的玛雅文明都对这种球赛痴迷至极。因为它不仅仅是一种令人血脉偾张的体育运动，更是融合了多种社会和仪式功能，加强文化认同的工具。正是由于这一点，当西班牙人征服墨西哥以后，为了便于统治，他们以球赛过于危险为由，取缔了这项活动。

（三）阿兹特克人的育儿经

1. 出生决定命运？

和玛雅人一样，阿兹特克人有一部260天的祭祀历法。有学者认为，之所以是260天，是因为这与女性的孕期长短接近。所以，阿兹特克人的名字里面通常都包含有自己出生那天的历法名。历法日有凶吉，从出生的那一刻起，阿兹特克人的人生就被贴上了幸运或凶险的标签。

阿兹特克孕妇在孕产期经常会洗桑拿浴，还有产婆给她们按摩，以便让胎儿调整到易于出生的胎位。到了临盆的时候，一般会有女性亲戚和产婆帮助接生。有的时候，为了催产，产婆会用动植物药物来引发宫缩。

难产的女性会被认为是不贞的，但是如果她在生产过程中死去，则会受到人们的尊敬，享有同战死沙场的勇士一般的地位。产妇的亡灵将成为希瓦泰提奥（Cihuateteo），既是可怕的恶魔，某种程度上也是神圣的女人。她们居住在西方一个名为希瓦特拉姆帕（Cihuatlampa，意为"女性之地"）的地方，在每天午后至日落的时间里与太阳相伴。顺利生产的新晋妈妈会被人们赞为"打了胜仗的勇士"，当然，她们的战利品就是新生的小婴儿。

图 84　佩戴骷髅面具的神姬希瓦泰提奥石雕

阿兹特克人有保存新生儿脐带的习惯。士兵们打仗前会把男孩儿的脐带放置在战场一角，这预示着这些小男孩儿长大后也将成为骁勇善战的战士。而女孩儿们的脐带则会被埋放在家中的灶台下面，因为在他们的文化中，"家庭是女性人生的中心，家里就是她们的活动半径，在家做饭、纺线、织布就是她们的人生"。

生产结束后，产婆会给新生儿清洗身体，并向藏身于湖里、池塘中的女水神查尔丘特里魁（Chalchihuitlicue）祈福，这是一个类似受洗的仪式。几天以后，这个新生儿会再一次接受进行更加正式和复杂的"受洗"，仪式上会为他取名，一个是包含他生日当天祭祀历法日名的名字，另一个就是他的家族名字。完成了这个仪式，他才成为一个真正的阿兹特克人。

历法日名不只是一个简单的标签，它还预示着命运。

在阿兹特克文明中，从出生那刻起，新生儿的命运就已经注定了，这不仅包括他们的性别、健康状况、家庭出身和文化习俗，还有历法日名里对应的人格特征。每一个历法日都有不同的特点与意义，新生儿一出生，就与这个意义捆绑，比如有的人生来节俭，而有的人天生就应该是酒鬼。

图 85　女水神查尔丘特里魁石雕

每一天的含义并不是单一的，所以每个人的命运都很复杂。每一个历法日会有若干个守护神，如果新生儿出生当天的所有守护神都是不祥的（比如死神、瘟疫神），预知到孩子命运的占卜者会为他挑选一个吉日，来举行正式的受洗仪式，希望通过这样的操作来改变命运。例如，8 死亡（8 Death）和 9 鹿（9 Deer）日都是大凶日。在《德累斯顿抄本》中有这样的记载："8 死亡这一天象征着'坏脾气、变态、疯癫、疾病、罪恶、淫乱、专横、狂妄、无耻……'"这还仅仅是一长串贬义词的一小部分，所以在这一天出生的人，其命运简直不敢想象。但也别太绝望，书中还记载了占卜师可以玩一点"小把戏"，往后拖两天再给新生儿施洗和取名，这样，他的历法日名字就变成了 10 兔（10 Rabbit）。可大部分的人也都知道这样的"小把戏"，所以当人们碰到 10 兔日出生的人，可能会怀疑他们的真实生日其实是 8 死亡日，而真正在 10 兔日出生的人可能有种有苦说不出的感觉。

2. 阿兹特克儿童的坎坷成长史

有句网络用语叫"成年人的字典里，从来没有'容易'两个字"，其实，很多社会的儿童也有同样的境遇，特别是在一些饥荒或者战乱地区。甚至，就算是在中国，无论是在现实生活还是网络世界中，到处都可以听到中国儿童健康成长不容易的论调。理由也很充分：课业繁重，竞争压力大，各种补习班压得人喘不过气，各方面的"内卷"越来越严重，等等。以至于许多人大声疾呼"为孩子减负"。

不过，这些问题相对于阿兹特克的儿童来说，好像有些小巫见大巫。那么，阿兹特克儿童究竟要经历怎样的坎坷，才能顺利成长呢？

阿兹特克帝国是古代中美洲最强大的国家之一，其士兵以骁勇善战著称。尽管最后被西班牙人征服，但经历了"悲痛之夜"的科尔特斯肯定心存侥幸，如果不是国王蒙特苏马二世的懦弱，加上天花和特拉斯卡军队的帮助，西班牙人是否能征服墨西哥盆地恐怕还是个未知数。这些善战的阿兹特克军队是如何炼成的？这与阿兹特克人从小接受的培养教育密切相关。

14世纪末，当特帕内卡国王特佐佐默克试图征服阿科尔瓦时，他派出间谍在阿科尔瓦内部测试其人民对特帕内卡人的拥护程度。他们问7岁甚至更小的孩子，关于其父母的政治忠诚度问题。间谍们认为小孩子不会撒谎，这是了解阿兹特克人关于教育孩子成长的有趣视角。

《门多萨抄本》中有关于阿兹特克人养育孩子的一些资料，通过这些图片和文字，我们得以一窥阿兹特克儿童的不易。[5]

从三岁开始，阿兹特克儿童就要准备好接受训练，学习各种技能，并完成那些对家庭有益的任务。而且，他们每顿只能吃半个玉米饼，一个玉米饼大约有成人掌心那么大。

图 86　三岁的阿兹特克儿童

到四岁时，男孩必须要外出取水；女孩则在母亲的教导下，开始接触纺织。与三岁时不同，他们现在每顿可以吃一个玉米饼。

图 87　四岁的阿兹特克儿童

五岁的男孩需要负重，他们把身上的衣服脱下来变成背包，搬运各种物品。女孩此时仍然在学习纺线。每顿也只能吃一个玉米饼。

图 88　五岁的阿兹特克儿童

到六岁时，男孩必须要去菜市场打扫卫生，一方面为了锻炼身体和品格，另一方面是寻找掉在地上的玉米、豆子等粮食，为家庭提供额外的食物。女孩此时已经学会纺线了。此时，他们每顿可以吃一个半玉米饼了。

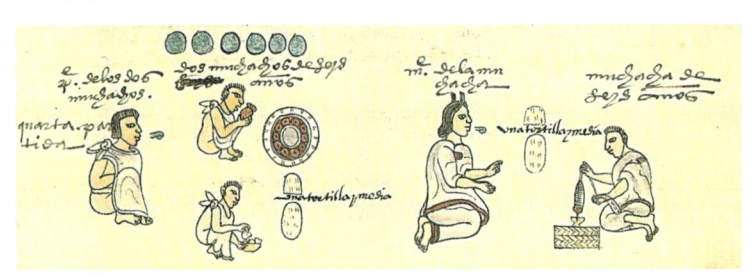

图89　六岁的阿兹特克儿童

七岁时，男孩要学习驾船和捕鱼，女孩则要学习织布。他们每顿可以吃两个玉米饼。到十三四岁时，男孩必须能够独立驾驶独木舟运送货物和捕鱼，女孩则要学会磨玉米和织布等一系列家务。

图90　学负重、驾船的男孩和磨玉米、纺织的女孩

这些孩子从小被灌输阿兹特克人的核心价值观，即对家庭和君主谦逊、顺从，并坚决完成任务。从八岁开始，孩子们必须适应更加严厉的训练，如若不然，将会受到惩罚。这些惩罚可不是假模假样的恐吓，很多手段成年人也不一定能忍受。比如对于那些懒惰或不服管教的孩子，家长会用在自我献祭中用于刺血表达虔诚的针状龙舌兰刺扎他们。还有，那些屡教不改的孩子将会被放到燃烧辣椒的烟火上烤，尤其是男孩，他们的脸会被直接放到辣椒烟雾里，这种痛苦是难以想象的。此外，阿兹特克人还会将不听话的男孩扒光，双手捆起来，扔到潮湿的地面过夜。如果是女孩，就让她在晚上依靠微弱的星光清扫院落。

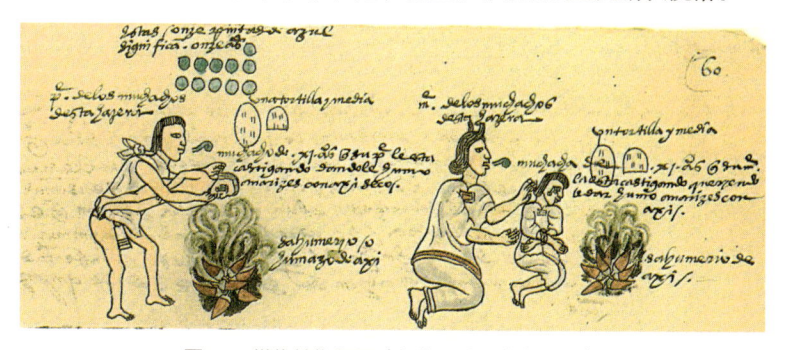

图91　燃烧辣椒惩罚（左为男孩，右为女孩）

图92　其他粗暴的惩罚手段（左为男孩，右为女孩）

从某种意义上说，这些惩罚手段有点"惨无人道"，一不小心恐怕命都没了。

熬过了这些，女孩在 13 岁左右进入女子学校开始正式学习。学习内容主要是宗教仪式、唱歌和跳舞，以及手工产品制作等。有的女孩可能因其天赋被送去学习做产婆或医生。

而男孩则需要等到 15 岁左右才入校学习。主要的学校有两种，一种是贵族学校卡尔美卡克（calmecac），另一种就是平民学校特尔波奇卡邑（telpochcalli）。贵族学校卡尔美卡克主要是将男孩培养为祭司，以及诸如金匠、羽毛工人等贵族工匠。其学生一般都来自贵族群体，但如果出身卑微的孩子品质足够优秀，也可以入校学习。相对于平民学校来说，贵族学校生活条件相对优越一点，但是，这些学生也需要完成一系列粗重的工作来维护神庙，而且懒惰者还会受到肉体惩罚。由于阿兹特克高等级政治官员在祭司职位和市政官僚工作中都经过历练，社会各个方面的精英应当彼此熟稔。因此，卡尔美卡克实际上提供了一个巨大的个人关系网，类似现在著名高校的校友人脉资源。

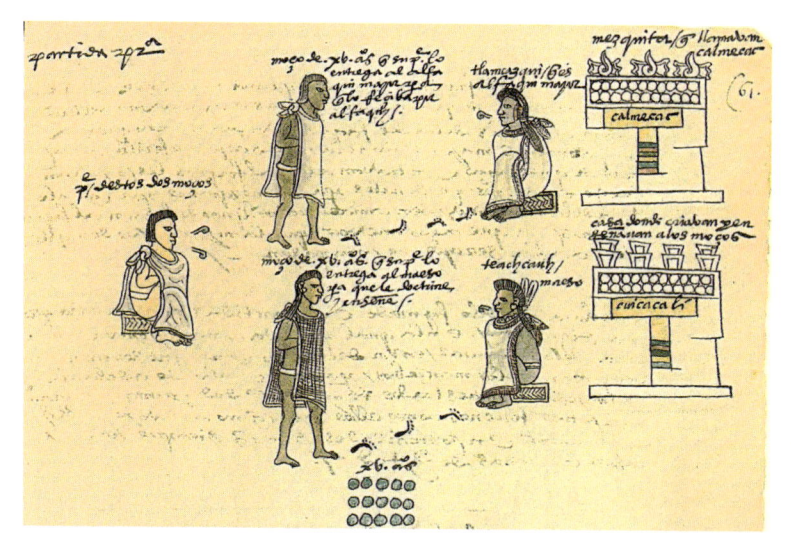

图93　贵族学校（上）和平民学校（下）

平民学校一般每个社区都有，也叫"年轻人之家"（cuicacalli）。在那里，十几岁的孩子和青年人将学习如何成为战士并在社区内服务。每天清晨要用冰冷的水洗澡，学习使用各种武器和军事技能。散漫的学生将被重罚，酗酒者会被处死，此外学生们还通过自残来增强对痛苦的忍耐力。这些学员毕业后，一般都会进入军队服役。特别是公元15世纪中期后，国王蒙特苏马一世下令全国各地建立这种模式的平民学校，以便为阿兹特克人提供足够的军事训练。

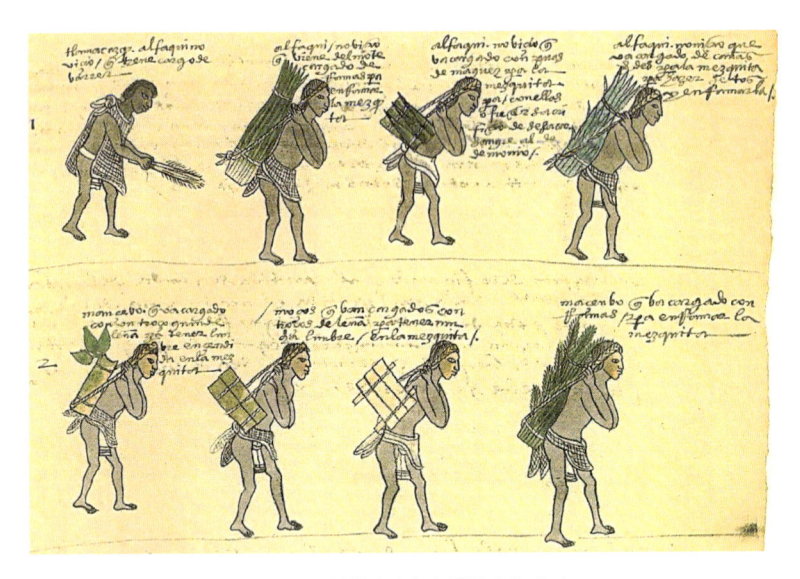

图 94　阿兹特克青年在学校参与劳动

图 95　阿兹特克青年在学校遭受体罚（用龙舌兰的刺扎遍全身）

图96　阿兹特克军功和等级

出身对于阿兹特克儿童来说实在是太重要了。贵族长大以后就占据了祭司、政府官员等职位，除了因犯罪、被俘等不幸的情况被剥夺爵位以外，他们的子女将会继承他们的地位和事业。而平民试图跨越这种阶层鸿沟则要付出极大的代价，其中最有效的一条就是参军打仗：在战场立下赫赫战功，从一个普通士兵一步一步逐渐成长为高级军官（根据斩首和俘虏敌人的数量而定），有的甚至可以成为仅次于君主和元帅的帝国三号人物。但这只是理论上的情形，实际发生的概率极低。

（四）"豹变"——管窥美索美洲人群的信仰体系

美洲豹（*Panthera onca*/jaguar），与狮子、老虎一样均为猫科豹属动物。成年美洲豹体长可达 2 米，重逾 100 千克。它们有着强壮的下颌，令人望而生畏的尖牙，剃刀般锋利的爪子，黄褐色皮毛上有黑色的花朵状斑纹，是美洲丛林中最美丽、最危险的野兽。或许正因如此，美洲豹成为古代美索美洲人民最畏惧、最喜爱和最崇拜的动物之一。从奥尔梅克到玛雅，直至阿兹特克，在数千年的时间内，美洲豹始终是美索美洲宗教、艺术表现的重要题材，其实体（如皮毛）、形象和符号意义广泛存在于日常行为和仪式活动中，是探索美索美洲古代人群宇宙观和信仰体系的一把钥匙。

美洲豹被视为神灵的法相。在奥尔梅克时期,玉米神和雨神都往往具有人形美洲豹的特征。下图两件雕刻精美的玉人像很清楚地展示了这一点。图左出自圣洛伦佐遗址,雕刻的可能是端坐的奥尔梅克雨神形象,他双手各执一件剖开的海贝,表明其与雨水的联系。其锋利的獠牙、火焰般的皱眉、向下弯曲的杏仁眼和凸出的眼角,展现出狂怒的表情,类似一只咆哮的美洲豹。图右为一全身赤裸的肥胖婴儿,仅头饰发带,手持象征玉米穗的条状物,暗示了其玉米神的身份。其面容也具有美洲豹特征,张口咆哮,只是不见獠牙。大多数学者认为,咆哮的美洲豹是美索美洲最具力量的动物,因此用它们来表现强大的神灵再合适不过。

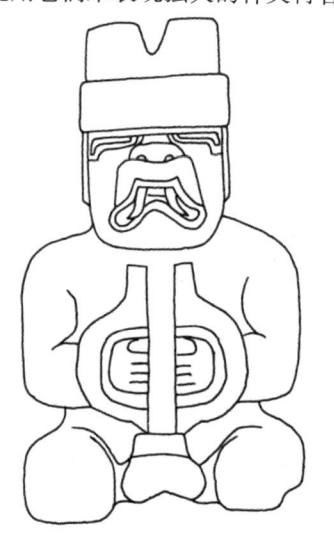

图97　美洲豹面孔的雨神(左)和玉米神(右)(温雅棣　摄)

由于美洲豹多生活在水域附近，并且主要在夜间活动，因此它们与雨水、黑夜密切相关。在特奥蒂瓦坎，风暴神特拉洛克依然延续了美洲豹的面容特征；甚至后来玛雅的雨神查克也是如此。在特奥蒂瓦坎的特提特拉（Tetitla）院落，雕刻了一只特别的人形美洲豹正走向一座神庙，它身上遍布"网格"，研究者认为这刻画了水中阴影与清澈水体的交映，是展现水与美洲豹关系密切的例子之一。到了玛雅时期，美洲豹与水、黑暗、地下世界的联系更加密切，并成为冥神或夜晚太阳神的象征。在玛雅很多彩陶容器上，都会描绘类似的主题。有一件陶器表面的图案是一只手持睡莲的美洲豹扭头咆哮[6]，似乎正翩翩起舞。在帕伦克遗址发现的一件石板上，左侧的冥神和右侧一名未知神祇共同抬起象征地面的石塌，石塌上方有两支交叉长矛和一面盾牌，盾牌上雕刻着太阳神。展示了太阳从地下升起以及对武力的崇拜。冥神的身上布满黑色斑点，暗示了它的美洲豹属性。

此外，玛雅神话中英雄双兄弟之一的西巴兰奇也是一只美洲豹。一般认为，西巴兰奇这个词意为"年轻的美洲豹太阳"，他也自然具有更多的动物性特征，比如脸颊上往往有黑色斑点，以及偶尔会露出利爪。

美洲豹也被视为萨满的灵伴或者另一种形态。萨满信仰是美索美洲宗教的最主要特征，其中有关萨满的转形或动物助手的内容就往往涉及诸如美洲豹这样的猛兽。在奥尔梅克文明一处名为奥斯托蒂特兰遗址的洞穴中，绘制了一只站立的美洲豹和一名可能是头戴羽冠的男性统治者。[7]二者同向而立，姿势几乎相同，美洲豹的尾巴与男子的生殖器相连。有研究者认为这表现了交媾的场景，也有研究者依据二者趋同的姿势认为这其实是萨满变形的过程，即人向动物形态的转变。不管如何，这幅壁画展现了统治者和美洲豹之间不同寻常的"伙伴"关系。

而在玛雅，这种亲密关系更是被进一步放大。只要足够仔细地观察，大多数艺术作品上都有美洲豹的元素，包括统治者的肖像石雕、彩陶容器上的图画等。在玛雅彩绘陶器的铭文中，经常会出现一个非常有趣的词汇"wahy"，与此相伴的图像都是一些奇怪的动物、骷髅或特征可怕的人等，其中就包括美洲豹。有的图像中出现了大量各种形态的"wahy"，有被蟒蛇缠住的秃鹫，鹿头或蛇尾的人，以及多种姿势的美洲豹等。在另一件陶杯上，作为"wahy"的美洲豹正四肢伸展趴在水面之上，左侧是瘦骨嶙峋的死神，它们一起为我们展示了玛雅人关于幽暗、死亡的想象。对"wahy"的解释有不少争议，以往一般认为它们是萨满的"动物灵魂"，近年的一些研究指出，它们可能还是一种黑暗巫术的产物。[8]在纳兰霍30号纪念碑上，国王装扮成美洲豹站立在俘虏之上，旁边的铭文直接指出"这是他在黑暗中的形象"。不管如何，"wahy"是玛雅高等级人物超自然力量的展现，这种力量是强大但黑暗的，因此，昼伏夜出的美洲豹顺理成章地成为最佳载体。

美洲豹有时也是王权的象征。美索美洲的统治者往往身着绘有美洲豹斑点的衣服，王座也呈现出美洲豹的形态或铺垫美洲豹的皮毛。有的图像中的国王就身着美洲豹皮毛制成的长裙，正端坐于由两只首尾相交的美洲豹构成的王座上，与身前的臣僚交谈。当然，美洲豹的皮毛是美索美洲内部贸易网络的重要商品之一，从奥尔梅克时期开始，它与翡翠、绿咬鹃羽毛等物品一道，是低地雨林地区输往墨西哥高地的主要奢侈品。在《门多萨抄本》里，依然保留了阿兹特克帝国索克努斯科省向首都特诺奇蒂特兰进贡的物品清单，其中就有美洲豹的皮毛。

美洲豹强大的攻击力也令它成为军队和士兵的图腾。在阿兹特克时期，于战场上斩首或俘虏敌人的军功是平民士兵从行伍中成长，并被拔擢为社会上层的唯一途径。阿兹特克人对于军功及其等级有着严格的规定，根据《门多萨抄本》的记载，最低级士兵的服饰可能没有任何标志，其他等级的军士服饰上会装饰章鱼、鹰隼、美洲豹等标志。从抄本描述看，身着美洲豹标志服饰的军士等级不低，可能仅次于将军这样的角色。

包括玛雅人在内的古代美索美洲人群赋予了美洲豹丰富的文化内涵，除了上述内容，用美洲豹祭祀也是重要的仪式活动。在科潘16

号金字塔前方有一座 Q 号祭坛，上面依次雕刻了 16 名科潘国王的肖像，在祭坛下方，考古学家发现了 16 具美洲豹的尸体，应当是献祭给各位国王的。[9] 特奥蒂瓦坎的月亮金字塔内也发现了美洲豹的遗骸，并且通过对其牙齿等方面的研究，动物考古学家认为这些来自至少数百千米外的美洲豹在此地圈养了一段时间[10]，这种远距离抓捕并运输美洲豹的难度我们今天很难想象。人们试图捕获这种猛兽或得到其力量的愿望如此强烈，归根结底在于美洲豹强大的攻击力、靠近水源以及昼伏夜出的特性，这让它在美索美洲信仰体系中占据了极为重要的位置。

（五）血与火之歌——阿兹特克人怎么过大年？

阿兹特克人也过"大年"，不过，这个"大年"要等很久。中国农历新年一般 300 多天一个循环，阿兹特克人则需要等 18980 天，大约 52 个太阳年。其实，前文我们在讲玛雅历法的时候就提到过这些了。玛雅历法中，每一天都有两个日名，一个是卓尔金历，为祭祀历法，一年 260 天；一个是哈布历，为世俗历，一年 365 天。两种历法的日名相互配合，就能精准定位到某一天。二者完成一个循环（再次重合）刚好也是需要 18980 天。阿兹特克历法与此基本一致，除了月份的名称不一样以外，其历法的运行方式与玛雅历法是相同的。这52年被阿兹特克人称为一个"交叉火炬"（Crossed Bundles）。在图像表达中，一个"交叉火炬"包括四捆排列整齐的木棍，每捆木棍由白色布条捆牢。我们姑且把这称为阿兹特克人的一个"大年"。

与玛雅人一样，阿兹特克人相信世界已经被创造并毁灭四次了，人类现存的如今是第五个"世界"。每个"世界"的结束都是以某个52年循环的最后一天为标志，如果第二天太阳无法正常升起，这个"世界"就结束了。至于如今这第五个"世界"何时结束，阿兹特克人并不知道。所以，阿兹特克人的"大年"实际上可能是世界末日。

从"大年"之前的第五天开始所有阿兹特克人家中和神庙里的火都要熄灭，人们都在等待可能的世界末日的到来。到了"大年"这天晚上，阿兹特克祭司会爬上位于库尔瓦坎附近一座名为维萨齐特兰（Huixachtlan）的山。库尔瓦坎是一个中美洲史前城邦，位于墨西哥盆地著名的霍奇米尔科湖附近。在那里，祭司们将观测星象。当昴宿星穿过天顶，就意味着太阳将在第二天升起，世界不会被毁灭，从而开始一个新的"大年"。接着，祭司们用一个引火钻头在一个人牲的胸口处钻出一缕火焰，当火焰完全燃起后，这个人牲将被杀掉祭祀，他的心脏被丢入火中。这个仪式也叫"新火仪式"。[11]

一旦祭司们在维萨齐特兰山上点燃新火，就标志着世界又得到了更新。新火点燃火炬并被传递到邻近的城市和村镇，神庙、学校等公共场合和居民家中的火焰重新燃起。新火的点燃和传递顺序严格遵循着国王的命令，位于首都特诺奇蒂特兰的大神庙是第一个得到新火的建筑。

图98　阿兹特克人的新火仪式（图片来自《波旁尼克抄本》）

图99　在人牲胸口钻火（图片来自《博基亚抄本》）

其次是维齐洛波奇特利贵族学校（Huitzilopochtli's calmecac）。维齐洛波奇特利是阿兹特克人的主神，掌管战争、太阳和祭祀，同时也是特诺奇蒂特兰的守护神。阿兹特克的贵族学校主要根据贵族统治的需要培养神职人员、军官、法官、教师以及高级官员。

接着，新火会被传递到其他神庙和贵族学校，然后是专门培养战士和社会服务人员的平民学校，最后，新火会到达居民家中。

根据记载，当新火传递到全国各地的时候，"每个人都扔掉家里的旧衣物，穿上新的衣服，置办新的家具和器皿……这才是真正意义上的新年"。包括旧的神像、磨盘磨棒、灶，以及锅碗瓢盆等都要被扔掉。最后，家中各个地方都要打扫得特别干净，垃圾被清理出去，整个房屋一尘不染。在家中，居民还要焚香祭祀。他们用长柄勺装满香料，举着奉献给院落的四个方位，然后将香料扔进火炉中，以飨神灵。一些人甚至会跳进神庙的火中，以至于皮肤被灼起水疱。

图 100　新火仪式上阿兹特克人丢弃家中的旧物（图片来自《佛罗伦斯抄本》）

这个"大年"是如此的盛大，整个帝国全民参与。根据学者的研究，这样的仪式一共举行了9次，最早一次可追溯至帝国形成之前的1090年，最后一次是在1507年举行。从那之后，随着西班牙人的入侵，这首"血与火之歌"在官方意义上停止了演奏。

参考文献

1. Friedman, R. et al., 2018, "Natural Mummies from Predynastic Egypt Reveal the World's Earliest Figural Tattoos", *Journal of Archaeological Science*, Vol. 92, pp. 116-125.

2. Deter-Wolf, A. et al., 2016, "The World's Oldest Tattoos", *Journal of Archaeological Science: Reports*, Vol. 5, pp. 19-24.

3. Díaz, G., Rodgers, A., and Byland, B. E., 1993, *The Codex Borgia: a Full-color Restoration of the Ancient Mexican Manuscript*, New York: Dover Publications.

4. Hill, W. D. and Clark, J. E., 2001, "Sports, Gambling, and Government: America's First Social Compact?", *American Anthropologist*, Vol. 103, No. 2, pp. 331-345.

5. Berdan, F. F. and Anawalt, P. R., 1997, *The Essential Codex Mendoza*, Berkeley: University of California Press.

6. McDonald, J. A. and Stross, B., 2012, "Water Lily and Cosmic Serpent: Equivalent Conduits of the Maya Spirit Realm", *Journal of Ethnobiology*, Vol. 32, No. 1, pp. 74-107.

7. Grove, D. C. and Oaks, D., 1970, *The Olmec Paintings of Oxtotitlan Cave, Guerrero, Mexico*, Washington D. C.: Dumbarton Oaks Center Studies.

8. Stuart, D., 2020, "The Wahys of Witchcraft: Sorcery and Political Power among the Classic Maya", *Sorcery in Mesoamerica*, Louisville: University Press of Colorado, pp. 179.

9. Sugiyama, N., Fash, W. L. and France, C. A. M., 2019, "Creating the Cosmos, Reifying Power: A Zooarchaeological Investigation of Corporal Animal Forms in the Copan Valley", *Cambridge Archaeological Journal*, Vol. 29, No. 3, pp. 407-426.

10. Sugiyama, N., Valadez, R. and Galicia, B. R., 2017, "Faunal Acquisition, Maintenance, and Consumption: How the Teotihuacanos Got Their Meat", *Archaeological and Anthropological Sciences*, Vol. 9, pp. 61-81.

11. Iwaniszewski, S. and Lebeuf, A., 1994, "The New Fire Ceremony as a Base to the Mesoamerican Calendrical System and Astronomy", Proceedings of the International Symposium, organized by the Department of Histerical Anthropology, Institute of Archaeology, Warsaw Universisty, Frombork, Poland, April 27-May 2, 1992.

后记：考古学的礼物

我们对于异域文明往往充满自己的想象，这种想象一方面来自个人以及文化根深蒂固的"偏见"，另一方面则是受到诸如小说、电影等文艺作品的误导。特别是在碎片化信息大爆炸的今天，后者会以类似"病毒传播"的方式不知不觉中对我们产生影响。要消除这种不合实际的想象，只能依靠自身体验和严肃学习。古语"读万卷书，行万里路"大致就是这个意思。

得益于交通等物质条件的改善，今天，越来越多的人可以走出自身的文化圈，行万里路，前往墨西哥以及中美洲的危地马拉、洪都拉斯等地，切身感受这片孕育了奥尔梅克、特奥蒂瓦坎、萨波特克和玛雅等古代文明的"神奇"土地。当然，大多数人仅仅是对于奇美风景、历史遗迹和民俗风情匆匆一瞥，少数人或许会对这些文明的特别之处感到新奇和不解。因而，读万卷书就显得尤为重要。要理解人群的行为模式和文化习惯，必须了解他们所经历的漫长历史。而面对没有文献的史前时期，考古学就为我们提供了最好的方法。

科潘考古的所得很多，除了发掘出土的房屋、墓葬等丰富遗迹和大量精美的文物外，于研究者而言，对玛雅和美索美洲深层次的理解以及一种跨文明的观察和比较视角是更加珍贵的，而对于广大公众来说，科潘项目更像是通往异域世界的大门。项目在开始之初，就设立了明确的公众考古目标。不管是电视等媒体的传播，或是报纸杂志的宣传，又或是大量公众讲座的举办，都对科潘项目以及中美洲考古起到了积极的宣传作用。很明显，这增强了国内公众对于中美洲古代文明的兴趣。近年来，国内开始大量举办玛雅和中美洲文明展览，包括作者在内的项目组成员也经常受邀参加与展览相关的讲座和导览活动，目睹了民众空前高涨的热情。

当然，除了公众的好奇和人为添加的诸如"神秘"等标签外，我们更应当关注的是知识的传播。考古学之所以吸引公众，在于其研究对象和方法的独特性，与日常行为和生活场景有相当的距离感。我从来不赞成"神秘化"考古学或考古学者。但现如今这似乎已成为一种趋势，不仅行业外人士，就连一些专业内人士都以此作为宣传点。当然，在不违反法律法规的前提下，以此为噱头吸引公众，也是无可厚非的。包括一些文艺作品，只要不违反法律，其存在都是有某种意义或价值的。但我个人相信，有一定常识的人会明白，文艺作品和真实生活存在巨大差异。将文艺作品中的描写，任意安置于考古学身上，这既是不客观的，也是不公平的。

考古学对于公众的意义不在于以"猎奇"的形式普及考古工作的过程，而应该是更多地为社会知识体系作出一点自己的贡献。如果说"文献不足征"的话，考古遗存却是古人留下的实实在在的印记。这些以及背后反映的人群行为、思想观念、社会结构等方面的通俗化内容，才应当是考古学奉献给公众的礼物。要知道知识是最迷人、最具价值的，尽管这些"知识"有时候看起来似乎无用。对于行业外的公众来说，考古学的学术研究更多是枯燥、乏味的，如何将这些艰涩的学术研究转化为通俗、有料的知识才是对考古学家的巨大考验，这也是本书试图达到的目标。